广西壮族自治区
地方志编纂委员会办公室 编

广西风物志

第一辑

服饰
FUSHI

玉时阶

著

社会科学文献出版社
SOCIAL SCIENCES ACADEMIC PRESS (CHINA)

《广西风物图志》（第一辑）编纂委员会

主　任：李秋洪

副主任：邓敏杰

委　员：李秋洪　　邓敏杰　　贾晓霖　　黄建中

《广西风物图志》（第一辑）编辑部

主　任：邓敏杰

副主任：贾晓霖　　黄建中

成　员：郎尚德　　黄榆林

《广西风物图志》（第一辑）审稿专家

李秋洪　　邓敏杰　　吴伟峰　　廖明君

彭梅玉　　甘永萍　　贾晓霖

总　序

　　《广西风物图志》的问世，是地方志书出版的一个新尝试。

　　广西地处边陲，历史悠久，民俗民风独特，秀美瑰奇的山山水水，百越和中原长期融合形成的绚丽多彩文化，呈现着许许多多引人入胜的特色和亮点。《广西风物图志》正是将广西那些自然、人文方面最有特色、最具亮点的内容单独提取出来编写成志，并形成系列。与 20 世纪80 年代出版的一卷本《广西风物志》相比，《广西风物图志》丛书重点更加突出，内容更加丰富，这就如同将串起的"珍珠"，在强光下一颗颗聚焦，在交相辉映中更显奇光异彩。

　　《广西风物图志》几乎每页至少有一幅图，或是景物图，或是风情图，或是实物图，或是特制图等。这些图，不仅为内容做了恰如其分的说明和配合，而且在阅读上给人一种生动活泼的感觉。这种图文并茂的表现方式，使内容更加直观、通俗易懂，更加容易被广大读者接受，顺应了"读图时代"的潮流。

　　《广西风物图志》由广西壮族自治区地方志编纂委员

会办公室精心策划，组织对本选题内容有较深研究、在学术上有造诣有成果的专家纂写。既坚持志书秉笔直书传统，又不囿于志书的述而不论，在叙述中，读者会看到带文学笔触的细致描写、个性色彩的点评或论述，但这些描写、点评或论述，绝对不是凭空而作，而是建立在作者长期的学术修养和地方历史知识积淀基础之上自然生发的。采用这样的写法，是希望其能成为受广大读者欢迎的广西地方志书的普及读物。

作为尝试，《广西风物图志》难免会有诸多不足之处，希望广大读者，特别是有关专家学者指正。

2017 年 12 月

前　言

广西位于祖国南部边疆，是一个多民族聚居的民族区域自治地方，也是全国少数民族人口最多的自治区。全自治区共有 50 多个民族成分，其中有 12 个世居民族，即壮、汉、瑶、苗、侗、仫佬、毛南、回、京、彝、水、仡佬族。

广西地域辽阔，南北跨越 6 个多纬度，东西跨越近 8 个经度。境内山岭连绵，山区面积广大，山多平原少，素有"八山一水一分田"之称。境内山脉纵横，地形复杂，经纬度跨度大，从而造成气候的地域差别十分明显，南北不同，东西有别；就是同一地区，山顶和山脚也有明显差别。大部分地区气候条件优越，夏热冬暖、日照充足、雨量充沛，十分有利于各种植物的生长与繁育，植物种类非常丰富。这些优越的气候条件、复杂的地形，丰富的植物资源，既为广西各民族传统服饰的制作提供了丰富资源，又使各民族服饰的式样与风格各具特色，从而形成服饰文化的民族性、地域性与多样性。

广西各民族服饰是在长期历史发展过程中逐步形成的。它经历了历代经济生活与社会文化的严格筛选和淘汰，汇集、沉淀了历史上不同时期、不同类型的文化，并将其融入自己的文化体系。这些几经洗练、历经沧桑才流传至今的民族服饰文化，是广西各民族传统文化的瑰宝与精华。特别是很多广西少数民族历史上没有流行、通用过与本民族语言相适应的文字，民族服饰文化成为民族文化传播、继承的主要渠道之一。从这个意义上说，广西民族服饰文化其实是广西民族文化的缩影与财富，是广西民族社会文化发展的"活化石"，它记载了广西民族社会文化发展的历史，是一部"无字的史书"，蕴藏着丰富的文化遗产，是广西各民族和中华民族重要的文化资源。如不切实加以保护，任其遭受冲击、破坏、消失，其后果不堪设想。

从历史发展过程看，大多数国家在现代化过程中都采取各种措施，努力保护与传承自己的传统文化。我们邻国日本与韩国，都属于发达国家，但其传统民族服饰文化至今仍未消失，和服至今仍是日本人最喜欢的服饰之一，而韩国妇女逢年过节也以穿白色宽松的民族衣裙为荣。20 世纪 90 年代以来，世界各国政府与学术界都十分关注全球化与文化多样性的关系。保护文化多样性，保护各民族的文化遗产已成为世界各国政府与各族人民的共识。我国各级政府十分重视非物质文化遗产的保护与研究，对各民族非物质文化遗产的保护与抢救做了许多卓有成效的工作。因此，撰写《广西风物图志·服饰》，对保护与传承广西民族服饰文化具有十分重要的学术价值与现实意义。

目录

第一章

源远流长的服饰制作

第一节 骨针与纺专

　　人类在进化过程中，为了更好地抵御烈日的暴晒、严寒的侵袭、荆棘的伤害和虫蚁的叮咬等对人体的危害行为，便开始千方百计地寻找各种物品来遮蔽自己的身体，从此穿上了最初的"衣裳"。

　　广西民族服饰制作历史悠久。1956 年，考古学家在广西柳州白莲洞发现一枚旧石器时代晚期骨针，距今约 1 万年以上。此后，在桂林甑皮岩遗址又出土了三枚新石器时代早期的骨针。由此可知，当时的白莲洞人和甑皮岩人可能已学会用骨针将兽皮、树皮、树叶或花草藤蔓连缀起来，用以遮蔽人体。

　　在广西融水苗族自治县的安陲一带，每年新春伊始，各山寨的苗族人都要上山割芒草，编成衣裳，披在身上，再戴上面具，扛刀弄斧，假扮芒篙神，成群结队地出现在村寨中，借以祈求芒篙神保佑村民生活吉祥幸福。这种芒草衣，可能就是远古苗族先民最初普遍穿着的衣裳。

　　骨针的发明表明广西原住民族的先民已经开始有意识地用兽皮、树叶等物保护身体。但兽皮的大小、长短、厚薄都不适合人的体型，炎热的夏天穿兽皮也不舒服；而

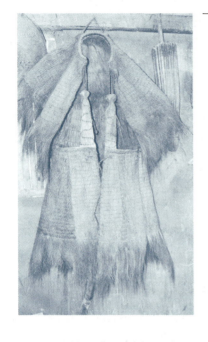

图 1-1　棕皮蓑衣

第一章　源远流长的服饰制作

图 1-2　壮族稻草衣

树叶、花草等物，亦不耐寒。于是，广西原住民族的先民在生产实践中创造了原始纺纱工具——纺专。

纺专，又称纺轮或纺砖。1974 年，考古学家在广西平南县石脚山遗址内发掘出两件新石器时代陶纺轮，一件为圆饼形，一件为算珠形。中间均有一孔，孔中可插一专杆。纺纱时，先把要纺的纤维捻一段缠在专杆上，然后垂下，一手提杆，一手转动圆盘，即可将纤维纺为线。纺专的出现，说明在新石器时代晚期，广西原住民族的先民已能将野生的植物纤维捻成线，制作衣裳。可以想象，人类最初用骨针穿树叶、兽皮披衣于身，既不结实，又

图 1-3　南丹白裤瑶跑纱

不舒服。而当人们学会用纺专将纤维捻成线后，就可以编织各种宽窄适宜的网状物或带子，用来遮体，不仅牢固多了，舒服多了，而且萌芽了最初的美感。后人所说的"冬编鹅毛、木棉，夏缉蕉、竹、麻、苎为衣"的服饰文明从此开始。当人类用服饰遮掩身体，获得御寒、遮羞、装饰等文化意识的时候，也是人类日益远去自然的时候。于是，藏在人类心灵深处的创造力逐渐浮现出来，化成五彩斑斓的衣裳，覆盖在身体上。

第二节　月光下的纺车

　　继纺专之后，广西原住民族先民又发明创造了纺车。最初的纺车为手摇式纺车，它在很早以前就被广西原住民族广泛使用，至今仍在部分少数民族地区大量存在。纺车的发明、使用是广西民族纺织史上的一大进步。它突破了纺专垂直呈平面旋转的方式，把旋转方向改为立面旋转，不仅加快了纺纱的速度和效率，而且操作者可以坐着操作纺车，减轻了劳动强度。

　　长期以来，广西少数民族一直过着一种"男耕女织"的田园生活，一家人的衣裳，全靠家中妇女纺纱、织布制作。

　　如果时光倒流二三十年，你在夜阑人静时走进广西少数民族村寨，仍能看到妇女们或在晒楼上、或在屋檐下、或在火塘旁、或在大门外，借着灯光或天上的月光，不停地转动纺车。飞快旋转的纺车将照在纺车上的月光与棉絮绞成银白色的纱线缓慢地流出，欢快的纺车声如同一首动人的小夜曲在寂静的村寨上空轻轻回荡。闻声而来的小伙子凝视月光下的姑娘，不知道是该走近姑娘身边坐下谈情，还是远远地窥视心仪的姑娘，静静地享受这山

图 1-4　广西南丹白裤瑶纺纱

图 1-5　三江侗族纺纱

村月夜的美景，进退两难。

侗族的"行歌坐夜"多选在月光皎洁的晚上。每当夜幕降临，同村相好的男青年便三五成群地拿着手电筒、琵琶或笛子，到其他村寨寻女伴谈情说爱。同姓的女青年也三五成群地在木楼的火塘边、厅堂内、屋里或栏杆廊上，端来新搓的棉卷，慢慢地摇动纺车，这时，侗寨上除了纺车的吱吱声外，别的声音都听不到了。外村来的小伙子翻过山坳，淌过小河，寻声找到木楼下，轻轻弹起琵琶，唱起《走寨歌》：

> 隔一重山哟又一重岭，
>
> 远路行歌到你村，
>
> ……
>
> 月亮光光照墙角，
>
> 早就有约哟才来到这里来行歌
>
> ……

歌声惊动了纺纱姑娘，楼上的纺车声停了下来，一曲清脆的歌声飞出窗口：

> 屋里还有谈话的老人，

寨上还有唱歌的后生，

月亮刚刚爬上对门的山顶，

等一等哟远路来的情人。

楼上的纺车又重新转动，小伙子踏着纺车的旋律走上木楼，推门坐到姑娘的身边。纺车停了，歌声起了，直唱到雄鸡报晓，晨曦微露，方才散场。[1]

① 杨通山等：《侗乡风情录》，成都，四川民族出版社，第 70~71 页，1983。

第三节　火塘旁的织布机

　　据有关专家研究，中国古代织机的发展演变大致过程是原始腰机—斜织机—水平寇机。原始腰机又称踞织机，它没有机架，将经线的一头依次一根根地结在同一根木棍上，另一头也依次结在另一根木棍上并系在腰间，把被两根木棍固定了的经纱绷紧，就可以像编席子一样有条不紊地进行编织了。广西龙胜各族自治县的红瑶及金秀瑶族自治县的盘瑶至今还使用原始腰机织花带。

图1-6　龙胜红瑶织花带

图1-7　金秀盘瑶织花带

图1-8　隆林花苗斜织机织锦

斜织机是一种较为原始的织机。这种织机历史悠久，结构简单。织者坐在一张矮凳上，一手提综杆分经形成梭口，用梭引经穿过，另一手持纬刀打纬，如此反复进行，直到将锦织出。

20 世纪 80 年代前，广西少数民族服饰基本还是自己制作。走进少数民族聚居的村寨，几乎是家家有织机，户户备染缸。织机大多放置在火塘旁或堂屋内。

过去，广西少数民族主要以棉布作为服饰的原料。大部分人家都种植棉花。从收获棉花到织布，要经历轧花、弹花、卷花、纺纱、浆纱、络纱、牵纱等过程。在男耕女

图 1-9 那坡黑衣壮织布机

织的小农经济下，织布就是少数民族妇女日常生活劳作的一项重要内容。白天，劳作的妇女像盛开的山花点缀在群山峻岭间；入夜，她们坐在织布机旁，施展巧手在织机上通经断纬谱写纺织史上的乐章。火塘里那熊熊燃烧的火焰，照亮了木楼、杆栏，映红了山寨，将姑娘的脸庞映得红红的，像一朵盛开的鲜花，一幅幅白色的土布像飞流直下的瀑布从织机上缓缓流下，素绢红花，分外妖娆。

第四节 从植物纤维到合成化纤

文化人类学调查资料与文献记载都表明，广西少数民族最初以野生植物为原料制作服饰，包括野生的蕉、葛、竹、木、麻等，后来发展到种植麻、棉，近二三十年来，才大量使用合成化纤。

广西地处亚热带季风湿润气候区南部，属中亚热带与南亚热带气候区域，年均气温 17℃~22℃，且地处低纬度区域，单位时间内得到的太阳辐射能多，日光资源十分丰富。同时，广西又是全国水资源最丰富的地区之一，年降雨量在 1250~1750 毫米之间，十分有利于野生植物的生长。所以，古代岭南草木茂盛，山花烂漫。广西少数民族的先民在与大自然相处的过程中，通过不断的实践，逐步意识到那满山遍野的蕉、葛、竹、木、麻等不仅取之不尽、用之不竭，而且具有天然的光泽与韧性，如果把某些植物表皮上的韧性皮层剥下来，就可得到比树枝细长而又比蔓草坚韧且有弹性的线状材料，即后人所说"植物纤维"，这些线状材料的纤维，成了人类最初选择的服饰材料。

旧石器时代之后，广西少数民族先民就已知道用骨针缝制树叶、树皮为衣。随着生产技术的进步和人类需求的提高，人们在生产实践中发明了树皮布的制作。《后汉书·南蛮西南夷列传》说，秦汉时期，瑶、苗族先民就已知道"织绩木皮，染以草实，好五色衣服"。宋代，居住在阿林县（今桂平县境内）的壮族先民俚人就曾以勾芒木树皮制作衣裳。取勾芒木树皮制布很有讲究，先将大棵勾芒木主干从中间砍断，让其生出新树枝，再剥取新生树枝的树皮制树皮布。剥取树皮的时间多在夏季，因为这时期树皮的水分较多、柔软、易剥取，也有利于加工制作。据史籍记载，用这种树皮布制作出来的衣裳"软滑甚好"，所以，一直到明清之后，玉林、陆川、桂平等地都还有人上山砍勾芒木树皮制布缝制衣裳。古代的俚人是怎样将勾芒树皮制布的，史籍上没有记载，但文化人类学的调查可能可以让我们看到其中的一些端倪。据文化人类学者调查，20 世纪 50年代，云南克木人仍以构树皮制衣。他们从构树干上剥下 1米长的树皮，放入水中浸泡 20 余天，然后取出来用木棒捶打，再洗去灰黑色的外皮，使其成为结实坚韧的衣裳布料。

蕉，又称蕉麻，芭蕉科，属多年生草本，形如芭蕉，其茎直立柔软，由粗厚的叶鞘包迭而成柱状，叶鞘内纤维粗硬、坚韧、有光泽、耐水浸，取其纤维加工可供织布。早在宋代，广西少数民族就已知道用蕉中的叶鞘纤维

图 1-10 火草衣

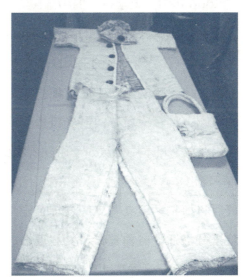

图 1-11 树皮衣

织布。先将蕉茎砍下，剥为丝条，以稻草烧灰煮水，取灰水煮之，再织为布。"布之细者，一匹值钱数缗。"这种可织为细布的蕉，宋人又称其为"水蕉"。明清之后，广西山区的少数民族又将其培育，移植于田中，清人李调元《南越笔记》说："蕉类不一，其可为布者曰麻蕉，山生或田种，以蕉身熟踏之，煮以纯灰水，漂僻令乾，乃绩为布。本蕉也，而曰麻蕉，以其为用如麻故。"隆林各族自治县猪肠乡那伟村洞沟屯苗族传说，很久很久以前，苗族的祖先不会种麻和棉花，人们只好拿树叶和芭蕉叶来做衣服穿，后来才学会种麻和棉花，用来织布做衣服。这种蕉布，今天在广西境内已绝迹。但据台湾黄英峰先生在 2006 年中山大学召开的中国民族学与人类学国际会议上介绍，日本冲绳岛上的原住民族过去也以蕉织布，后亦失传。近数十年来，日本的有关学者和部门经过发掘、抢救，让蕉布的生产工艺重新振兴，因其布料来自原生态植物，且轻凉质好，很受日本人欢迎，用蕉布制作的服饰亦成为日本中上层人士用以炫耀身份的服饰。

　　葛也是广西少数民族很早就用作织布的植物，葛属藤蔓豆科植物，用其茎皮纤维加工出来的布轻薄软细，穿着十分舒适，俗称葛布，又称夏布，意为夏天穿着凉快之意。两汉之后，广西少数民族地区流行以葛织布，故史籍上常记载说，广西少数民族"无蚕桑，缉蕉、葛以为布""服用唯蕉、葛"。这种情况一直持续到明清，后来由于棉布的兴起才渐渐衰败。

竹是一种多年生的禾本科，用途极广。广西大部分地区的土壤与气候都适宜竹的生长。广西少数民族在长期的生活实践中学会了利用竹纤维织布制作衣裳。以竹为布，在今人看来似乎有些不切实际，特别是在科学技术发展水平不高的古代广西，若能以竹织布，真让人不敢相信，但这是千真万确的事。那竹子是怎样加工成布的呢？晋人嵇含在《南方草木状》说，将刚长出地面不久的嫩竹捶成细丝条，放入水中浸泡，使其柔软，便可纺织为布。据唐人

图1-12 蕉叶衣

图 1-13　隆林花苗捻麻

图 1-14　麻草鞋

李吉甫《元和郡县志》记载，当时广西贺州出产的竹布因质量特别好，还被列为贡品，送往长安（今西安）。

　　中国是大麻和苎麻的原产地，所以，国际上又把大麻叫"汉麻"，把苎麻叫"中国草"，它们都是优良的纺织原料。广西盛产苎麻，其纤维细长坚韧，平滑而有丝光，易染色而不易退色，吸湿效果较好，散热快，是制作夏装的优质布料。广西各民族利用苎麻织布制衣的历史也是比较早的，中华人民共和国成立后，考古工作者在平乐银山岭战国墓出土了一些纺织得很细的麻布，贵县罗泊湾汉墓也出土了麻布鞋、麻布袜等。特别是贵县罗泊湾汉墓，从出土的木牍"从器志"记载看，该墓随葬的纺织品是相当多的。包括成匹的缯、布及用缯、布做成的衣服和装载其他物品的囊袋等，品种有丝织物和麻织物。麻织品的原料是苎麻和大麻。麻织品都是平纹组织，有粗、细两种。粗麻布用于做鞋、袜，细麻布用作衣料。当时，邕州左、右江一带溪峒盛产苎麻，"洁白细薄而长，土人择其优者为练子……有花纹者为花练，一端长四丈余，而重止数十钱，卷而入之小竹筒，尚有丈余，以染真红，尤易著色。"[1] 因其轻薄，夏天穿着"轻凉离汗"，是士大夫和

---

①　（宋）周去非：《岭外代答》卷6。

图1-15　隆林花苗织麻布

图1-16　壮锦

商贾喜爱的服饰布料。汉高祖刘邦得天下，害怕富商斗富攀比，影响社会节俭之风，曾严禁商人穿着花练布。

唐宋时期，生产力的发展，特别是南宋经济中心的南移，对广西经济的发展起了一定的促进作用，从而使广西的苎麻织物质量达到较高的水平。当时，广西所产的苎麻织物有桂州的苎布、都落布，富川的斑布，贵州（今贵港市）的苎布，玉林的土贡布，其中尤以桂州产的苎布质量最上乘，成为当时有名的贡品。宋代，广西的织麻技术得到了进一步提高，当时左、右江一带生产的"白淡布""白质方纹，广幅大缕，似中都之线罗，而佳丽厚重，诚南方之上服也。"[①] 此外，广西当时所织的柳布、象布等，亦因质地上乘，被商贾收购贩卖，外销四方而远近闻名。仅麻织品一项，广西每年就要向中央王朝贡织品上万匹。

古代广西各民族之所以大量使用野生植物纤维制作服饰，除了因为当时满山遍野都有取之不尽、用之不竭的蕉、葛、竹、木、麻等野生植物外，还因为这些野生植物本身富有大自然的清新气息和材质美。大自然中的各种植物都有着自己独特的馨香，只不过有的浓烈一些，有

---

① （宋）周去非：《岭外代答》卷6。

的清淡一些，即使是一株小小的青草，也带着淡淡的沁人心肺的清香，这就使得人在使用植物为原料制作服饰时，会自然而然地融入天地草木之中，使服饰带上丛林、原野的天地味道，而这非一般人力所能创造。所以，广西各民族先民曾在很长的时期内一直用野生植物纤维做制作服饰的材料。即使是在高科技发展日新月异的今天，仍有不少人喜爱穿着植物纤维制作的服饰，意为返璞归真，与大自然和谐相处，别具美的韵致。

使用蕉、葛、木、竹、麻等植物纤维织布制衣，夏天凉爽适宜，但冬天御寒终嫌保暖不足。随着社会生产力发

图1-17　隆林花苗妇女麻布裙

展水平的提高，广西世居民族经过不断探索、实践，又学会了种植棉花，用棉花纺纱织布。大约到汉代，广西世居民族就已知道用棉织布。广西世居民族最初使用的棉是木本棉，当时亦称"吉贝"。宋人周去非《岭外代答》卷6说："吉贝木，如低小桑枝，萼类芙蓉，花之心叶皆细茸，絮长半寸许，宛如柳绵。有黑子数十，南人取其茸絮，以铁筋碾去其子，即以手握茸就纺，不烦缉绩，以之为布，最为坚善"。当时，广西廉州（今合浦县）一带所织的吉贝布，不仅质量好，而且品种多，既有匹幅长阔、洁白细密的慢吉贝布，又有狭幅粗疏色暗的粗吉贝布。在当时，广西所产的棉布又称桂布，因其质好、布厚耐寒，不仅深为各民族群众喜爱，连京都官吏、文人也常以它为布料制衣。唐代诗人白居易为左拾遗时，以广西的棉布和苏州的绵制衣，穿着"肢体暖如春"，大加赞赏，写《新制布裘诗》赞曰：

桂布白似雪，

吴绵软如云。

布重绵且厚，

为裘有余温。

朝拥坐至暮，

夜复眠达晨。

谁知严冬月，

肢体暖如春。①

　　唐文宗时，左拾遗夏侯孜常穿桂布衫上朝，文宗见后问道："衫何太粗涩？"夏侯孜答曰："布厚，且可欺寒。"文宗闻之大喜，也以桂布制衣穿着，于是满朝文武官员竞相效仿，桂布一时名噪京师朝野。

　　唐宋之后，棉布逐渐成为广西各民族主要的服饰面料，并由此而形成种棉、纺织、染色、刺绣、挑花、缝制等一系列的工艺传统和文化现象。居住在黔桂边界都柳江流域一带的苗族，每当春暖花开的季节，一个村寨的人就合伙挖一片轮荒地。动土那天，要先请一位经验丰富、懂祭仪的老人到地头祭神，撒酒入地，再供几片鱼、肉，喃神，祈请地公、地母保佑棉花生长。然后众人才动锄挖土。清明前后，要选一天作种棉节，届时全村出动，男女青年盛装打扮，家婆、媳妇挑棉种、五色糯米饭、酒、肉、鸡，一路欢歌来到地头。播种前，让一对穿盛装的童男童女扮作"花神"，站在临时搭建的"花台"上。

──────────

① 《白氏长庆集》卷1，《四库全书》集部19《别集类》。

图 1-18　天峨壮族妇女

图 1-19　金秀花篮瑶鸡血祭祀

请寨老杀一只红公鸡，喃神驱邪，摆酒、肉、饭、鸡，请"花神"向地公、地母敬献。然后，先由"花神"动手点种3窝，众人方可播种。种完后，众人聚集地头聚餐，载歌载舞，尽兴方散。

广西巴马一带的壮族，新媳妇头年种棉，要请众舅母和亲友帮挖土、碎土、培土。家婆择吉日，选好地后，新媳妇便托人带话，请舅母和本村及附近村寨的姑娘来帮挖地。届时，新媳妇要请人做豆腐、蒸五色糯米饭，买鱼、猪肉等，请人挑到地头。来帮忙的舅母和亲友身着盛装，肩扛锄头，浩浩荡荡地向棉花地进军。村寨中的

图1-20　那坡黑衣壮劳动

图 1-21　化纤面料制作的壮族服装

小孩、歌手和其他男女青年亦跟随去看热闹。到地头休息片刻后，由一位有威信的长妇安排工作，众人分成几组，由山脚朝山顶挖；新媳妇的姐姐则拿簸箕装糯米饭、豆腐、肉等请歌手、客人、小孩吃。歌手们用餐后便开始互相对歌，舅母和众姑娘伴歌声齐挥锄挖土。晚上收工后，众人回新媳妇家聚餐，男女青年物色对象唱歌，人们你来我往，熙熙攘攘，歌声此伏彼起，到处都是歌的海洋。

　　随着少数民族地区社会经济发展水平的提高，民族地区的经济结构正在发生变化，长期以来在社会经济中占主导地位的自给自足的小农经济在现代化生产的冲击下发生了剧烈的变动，少数民族群众的生活水平有了相应的提高。随着经济的发展和少数民族群众购买力的增强，20世纪60年代后，机织棉布逐渐进入广西少数民族家庭，并逐渐取代过去自种、自纺、自织、自染的土布，成为服饰的主要面料。20世纪80年代末，以耐磨、光滑、轻薄、透明、易洗、快干为特点的人造纤维充斥城镇市场后，又流向少数民族聚居的山寨，并以其价格便宜的优势争得市场，逐步取代机织棉布，成为青年人服饰的主要面料。20世纪末，在一些首先摆脱贫困、走向富裕之路的少数民族地区，人们对面料的防缩、防皱、柔软、富有光泽等方面都提出了更高的要求，服饰面料走向高档化和优质化。

第五节　心灵手巧的民间艺人

　　广西各民族服饰的制作具有独特的民族风格和浓郁的乡土气息，织布制衣的能工巧匠绝大多数是土生土长、没有受过专门艺术训练的各民族妇女。在"男耕女织"的传统生活方式下，手巧是中国女性完美的重要标志之一。广西民间习俗认为，一个姑娘手工艺的精巧与否，是衡量其是否聪明能干的重要标志之一，关系这位姑娘的婚姻与前途。在广西少数民族聚居区，心灵手巧、技术高超

图 1-22　三江侗族织布

的姑娘不仅是全家，甚至全村的光荣，还是小伙子追求的对象，上门求亲者络绎不绝。居住在东兰一带的壮族过去议婚订亲时，男方家长不仅要对八字，还要看"两黑一花"。如果姑娘的手、衣服不黑，鞋无花，人长得再漂亮，也很难找到婆家。当地人认为，黑衣表示勤劳，黑手表示会染蓝靛，花鞋表示心灵手巧。所以，农村中的少数民族女孩子往往把学习民间工艺作为人生一件大事来认真对待，许多人从小就跟随家中老人学习手工艺，正如彝族民歌《妈妈的女儿》所唱：

> 长到 12 岁后，
> 见人纺线她学纺，
> 见人织布她学织，
> 见人缝衣她学缝。
> 事事勤奋学，
> 件件都灵活。

一些十三四岁的女孩子甚至辍学在家学织棉、挑花、刺绣，以便将来为家人制作服饰和为自己做嫁妆。在蓝靛瑶地区，每个妇女一生都要学会两种生存的本事，一是地里的功夫，要会盘田，种好庄稼；二是学会刺绣，在

图 1-23　靖西黑衣壮
　　　　母教女织布

图 1-24　南丹白裤瑶刺绣

衣裳上"盘田",这样的女子才是小伙子心中追求的目标。对于这些长期生长在农村的妇女来说,挑花、刺绣不仅可以使她们在辛苦的农作之余得到片刻的休息,同时也可为她们封闭单调的生活增添几分乐趣,让她们的思想情感在挑花、刺绣的图案纹样中得到一些寄托和慰藉,从而让她们得到一个展现自己才能的机会。

由于服饰工艺可以衡量一个人是否聪明能干,所以,穿着民族传统服饰是姑娘们展现自己才能的机会,正如地方民谚说:"去赶歌圩,去赶圩场,妹仔比衣裳,男仔比模样。"不管是炎热的夏日,还是要翻山越岭,姑娘们都要戴挂满饰物的头帕或帽子,颈挂数个项圈,手、脚佩戴银饰,身着数套衣裙,不烦其重,不怕其热,一路往集会的地点赶去,去对歌,去跳舞,去比美,去展现自己的才能。

三江程阳桥一带的侗族多在春节时举行婚礼,按传统习俗,天黑时派人去接新娘,黎明前将新娘接到新郎家,俗称"偷亲"。新娘出门时一般只穿一套新衣裳,佩戴一些简单的银饰。按当地习俗,第二天一早,新娘要由几个小姑娘领到村边去挑几担水,每挑一次,就要换一套新衣裳;三五天内,新娘每出门一次,或做打油茶等事,都要换一套新衣裳。因此,娘家就派二三个姑娘挑一担新衣裳到新郎家,内有夹衣十几件,单衣一二十件,裤子

图 1-25　融水苗族女子盛装

图 1-26　三江侗族女子盛装

一二十条，还有绣花布鞋、银项圈、银手镯等。新娘出门挑水时，寨上的小伙子和妇女都跑出来看，挤满巷道两旁，对新娘评头品足。人们并不注重新娘的相貌，而是关注她穿戴的服饰银饰的多少、衣裙色彩的浓淡、图案纹样结构的巧拙、针线的细密等。心灵手巧的新娘，马上会获得村民的好印象。

一般说来，少数民族妇女制作的服饰都是为自己的穿着而制作，不带商品性，所以，它既不受价值观念的制约，也不用去迎合别人的爱好，具有极大的自由性与创造性。她们利用工余饭后和农闲时间，起早贪黑地倾注大量心思，从自己的生活直接需要出发，根据自己对生活的感受和喜好，按自己和本民族的审美观念、生活方式、风俗习惯和经济条件，精心地纺织出一幅幅结实耐用的土布，裁制出一件件具有民族特色的服装，再在服装上刺、挑、织、绣或镶出一幅幅具有乡土气息和民族风格的图案纹样。如瑶族是个以刀耕火种为主要耕作方式的山地民族，他们世代居住在深山老林，以山为伴，靠山谋生，所以，瑶族妇女在挑花、刺绣时就常以山和山上的草、木、花等为题材内容。又如侗锦，它的题材内容也主要来源于生活。侗族妇女织锦时，往往把生活中常见到的喜爱之物，如野菜花、桃花、李花、枫叶、鹰、青蛙、

图1-27　天峨壮族背带纹样

图1-28　隆林苗族女孩
　　　　学织锦

蝴蝶等动植物再现于织锦图案中，这些服饰的制作，在艺术形式和工艺技巧上，有的难免朴拙、粗放，难以和一些现代时装相比，但它像一首首质朴动人的民歌，清新、活泼、健康，富于创造性，散发着浓郁的乡土气息，表达了少数民族群众对美好生活的向往与追求。

　　广西民族民间服饰工艺技术的传承主要是母传女，姐教妹，邻里互授，村邻相习，祖辈世代传袭而下。俗话说："五岁六岁玩泥巴，十一二岁学绣花。"少数民族聚居区的姑娘，有的从八九岁便跟长辈学习手工技巧，从小接受本民族传统工艺的训练，家传身教，耳濡目染，使她们从小就具有一定的民间工艺基本功。同时，少数民族民间世代相传的歌圩、抛绣球、跳盘王、抢花炮、舞狮、划龙舟、斗鸟等传统文化艺术活动，也使她们从小受到得天独厚的传统文化艺术熏陶，从而使她们的服饰艺术造诣具有更为丰厚深刻的内涵。随着年龄的增长、知识的积累，以及理解能力和审美观念的提高，这些长期从事服饰制作工艺的姑娘，一个个都练就了一手精湛的技艺，成为民间服饰艺人。那一件件五彩斑斓的衣裳，给人留下的惊叹，不仅仅是民间艺人精湛的技艺和绚丽的纹样，而且透过衣裳的袖口、裙缘上那一道道形如树木年轮一样的花边，人们仿佛看到了一个民间艺人的成长过程。

第二章

富有情趣的文化意境

第一节 无字的史书

广西少数民族大多没有与本民族语言相适应的，或在本民族内部普遍流行的文字，为了能让子孙后代记住本民族的历史，除了用民族间传说等"讲古"的方式传说历史外，他们还将本民族的历史传说、风俗习惯、审美情感等织绣于服饰上，流传于后人，使其服饰成为民族传统文化的符号与载体，成为一本无字的史书。

在黔桂边界的广西隆林各族自治县猪肠乡的高山之巅，生活着一个被人们称为"花苗"的苗族。花苗是苗族的一个支系，是远古时期九黎、三苗部落的后裔。5000多年前，生活在黄河下游的九黎及后来生活在长江中下游的三苗与从黄土高原来的炎帝、黄帝及其后来的尧、舜、禹部落多次发生战争。苗族先民失败后，为求生存，被迫渡过黄河、长江，逐步向西南深山迁徙，从黄河流域来到今天的隆林猪肠乡。猪肠乡的花苗是个至今仍以穿着民族传统服饰为荣的民族，其妇女上衣用红、绿、黄等色花线绣满各种图案纹样，下穿蜡染麻布百褶裙，扎绣花腰带，系绣花围裙，小脚缠绣花绑带。据说花苗祖先古时候打仗时，曾以竹片为铠甲护

图 2-1　隆林仡佬族妇女

图 2-2　隆林花苗蜡染纹样

身，后来花苗妇女为纪念祖先，便以花腰带扎身代替铠甲。据苗族民间传说，苗族在古代曾创造过一种象形文字，他们曾以蜡汁为墨，将象形文字写在布上，因为布比竹片轻，且容易收藏保管。后来，他们又学会了靛染，将写上蜡字的布用蓝靛染色，再煮水脱蜡，呈现出蓝底白字。但这种象形文字在颠沛流离的迁徙过程中丢失了，为了让子孙后代能记住历史，传承文化，苗族妇女便把对祖先创建业绩的思念，化作一个个图案纹样绣在衣裳上，从而使其服饰灿烂辉煌。裙幅上的3条不同颜色的条纹，表示他们的祖先在迁徙过程中经过的3条江河，四方形的图案则代表他们曾聚居过的城郭形状，这些思想厚重的图案纹样，在外人的眼中也许只是一种审美情趣的创作，但在苗族民众的心中，它却像一位白发苍苍的老人在向后辈子孙默默地诉说数千年前的历史沧桑。

历史上，瑶族也没有与本民族语言相一致的文字，交易、借贷等多用刻木或刻竹的方式记事，追忆祖先和回顾历史多用民间传说和制作民族服饰，一件五彩斑斓的衣裳，可能就是一部记载民族历史的"史书"。广西南丹县白裤瑶，因其男子穿白色土布灯笼裤而得名。在其男子的膝盖部位处绣有5条长短不一的红色条纹，形如人的

图 2-3　南丹白裤瑶
　　　　男子盛装

图 2-4　南丹白裤瑶
　　　　女子夏衣

五指。据说数百年前，其祖先为反抗莫氏土官的压迫，率领族人与土官斗争，为保护民族尊严，带伤而战，在裤子膝盖处留下五指血痕。为纪念祖先及其功绩，男子们的裤子膝盖处都绣上 5 条垂直的条纹。

白裤瑶妇女的夏装也极为别致，妇女蓄发盘髻，包以黑土布头巾，上衣为两幅布拼成的贯头衣，前幅为素静的蓝黑蜡染布，后幅多用浅蓝色的蜡染布纹——正方形图案，据说这图案是模拟当年被土官夺走的瑶王印绣的，用以纪念这一被凌辱的历史。

正如白裤瑶《天地始歌》所唱：

为什么我穿的花背心上印着一个金印，

为什么我穿的花裙上印着九十九个花纹？

今晚我才知道唷，

是雅海要我们记住金印的教训，

是雅海要我们记住九十九次苦难的历程。

……

为什么我头上戴着一个花帽圈，

为什么我穿的白裤有五条花纹？

今晚我才知道唷，

花帽圈是雅海献给阿者的心，

五条花纹是阿者血战楼刻留下的血印。[1]

在南丹莫氏土官统治白裤瑶地区期间，白裤瑶人一直以穿这一传统民族服饰来表达不忘祖先历史、渴望民族平等、争取自由的思想。随易地改变民族服饰或不穿民族服饰，都被看作对本民族的歧视和背叛，轻者遭同族人的鄙视，重者则被赶出村寨。历史上，瑶族人民长期遭受历代封建统治阶级的残酷剥削与压迫，被迫从黄河下游与长江中下游一带的平原地区往西南山区迁徙，入山唯恐不深，入林唯恐不密，跟跄篁竹，飘忽不定，从而形成"南岭无山不有瑶"的分布局面和注重族群意识的凝聚力。白裤瑶妇女上衣的四方形图案，也许原非瑶王的印章，或是某个历史时期的痕迹记忆，或是白裤瑶妇女对美好生活向往的表达，但由于特定历史时期的惨痛遭遇，它被人们赋予特定的文化含义，成为历史的印记。

广西的许多民族都喜用蓝靛染制服饰面料，其起源传说众说纷纭。居住在那坡县大石山区的黑衣壮传说，古时候，黑衣壮的先民在与外族人发生战争时，其头人不幸受伤，逃往深山老林时疼痛难忍，跌倒在路边，顺手采摘

---

[1] 陈日华等主编《莲花山仙踪》，广西民族出版社，1998，第239页。

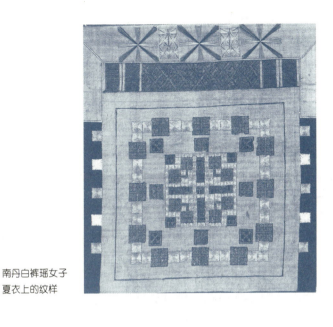

图 2-5 南丹白裤瑶女子
夏衣上的纹样

图 2-6 那坡黑衣壮靛染

路边的野生蓝靛，将其捣烂敷在伤口上，伤口竟然神奇地好了，但在敷药的地方留下了蓝黑色的印痕，后来他就要家人用蓝靛来染织衣服，使服饰颜色与那蓝黑色的印痕一样，并号召其族人也用蓝靛染制衣服，用以与别的族群相区别，世代沿袭而下，黑衣壮亦因此而得名。

　　一个民族或族群所遭受的苦难历程，往往是增强其民族或族群凝聚力的精神食粮，为维持民族或族群生存的尊严，他们十分注重历史的传承与陈述，广西隆林德峨偏苗老人常在民族节日活动中或茶余饭后在火塘旁为后人吟唱苗族古歌或创世史诗：

在万国九州的中间是罗浪周底，

我们的先人就住在那里，

……

红稗小米不曾缺少，

高粱稻谷样样齐全，

还有黄豆赛过鸡蛋。

以后启野要至老从这里经过，

占据了先人居住的地方。

……

他们只有把这些景致做成长衫，

拿给年轻的女子穿。

......

衣衫的花纹，

就是罗浪周底；

围裙上的线条，

就是奔流的江河。

......

他们只有把那些景致绣在围裙上，

拿给婆娘（即妇女）穿，

她们团团转地围起来给老人看，

围起来给男女老少看，

图 2-7　隆林花苗

让人们看到那些开垦出来的田地，

让人们看到那些盖起来的楼房，

把这些当作永远的纪念。

……

　　苗族先民所创造的历史，通过妇女的巧手再次在服饰上呈现。当然，服饰上这些形状各异的图案纹样，并不是人们一时就可以读懂的民族史书，但它确是一种文化符号，反复向后人讲述历史上曾经发生过的事情。

第二节　族群的符号

早在原始社会时期，人类就曾以服饰作为氏族的族徽，用以与其他的氏族成员相区别。进入阶级社会之后，历代统治阶级，特别是汉族封建统治阶级对少数民族的压迫歧视，使得少数民族十分重视本民族的传统文化，尤其是对与民族心理素质关系密切的民族传统服饰等文化表象更为敏感，并产生一种特殊的感情。在这种民族意识的支配下，他们甚至将本民族的传统服饰看作民族的象征和尊严。为了保持本民族的传统服饰，继承民族传统文化，维护民族尊严，他们可以不惜一切代价，甚至流血牺牲。

各民族把传统服饰视为本民族的尊严和象征，古往今来不乏实例。汉武帝时，苏武滞留匈奴近20年，自始至终不改华夏之服，不失汉朝节杖，民族气节凛然，历代传为佳话。清兵入关，强制各民族剃发留辫子，结果激起各民族的反抗斗争。地处边疆的壮族，除走仕途当官和居城镇者外，在边远山区和农村，大多数壮民仍多挽髻、高髻或椎髻。广西其他民族也大多如此。故时人云："男从女不从，生从死不从，阳从阴不从，官从隶不从，老从少不从，儒从而道不从，倡从而优伶不从，仕官从而婚姻不从，国号从而官号不从，役税从而语言文字不从。"

历史上，广西的瑶、苗等少数民族是个支系较多的民族，他们在历史上没有建立过统一的政权，也没有与本民族语言相一致的、统一的文字，族群文化差异性较大。族群文化的差异很多时候表现在服饰的差异上。这是因为服饰文化是民族文化的表象特征之一。从中国的文献记载来看，古代中原地区的文人、官商对广西少数民族的认识大多也是从服饰的色彩、款式开始的。壮族是广西的原

图 2-8　那坡彝族：白彝

住民族，自称为"布壮""布板""布蛮""布越""布老""布侬""布央""布代"等，但很多人对壮族的历史文化了解不深，没法区分其族群文化，于是只好从服饰上去区分、识别，将他们分别称为"白衣壮""黑衣壮""篮衣壮"等。广西龙胜各族自治县和平乡平安村平安寨的壮族老人说，他们的祖先大约是在元末明初来到这里的，刚来时只有几户人家，在莽莽群山中开荒垦种，山高树密，穿别的颜色制作的衣裳很容易与山上的草木混为一色，找不到人，所以他们夏天上山劳动时都穿白布上衣，黑裤子，进山劳动很显眼，别人容易找到自己，直到20世纪50年代，妇女夏天上山劳动都还穿白上衣，周围的其他民族和族群都因此称他们为"白衣壮"。

广西的瑶族大多是唐宋之后逐渐从岭外迁徙而来，由于分布广，居住分散，经济生活也不太一样，随着政治、经济、文化生活的不断变化，瑶族逐渐发展成为一个支系繁多的民族。俗话说："一方水土养一方人"，由于长期居住、生活在一个较为封闭、偏远的地方，交通不便，相互之间很少来往，受该地区生态环境的影响，各地瑶族服饰的发展都各有特色，最终形成众多的族群款式、地域风格和民族持色。虽然古人也对广西的瑶族做过许多研究，但不少人对瑶族众多的支系仍知之不多，他们更

图 2-9 龙胜壮族：白衣壮

图 2-10 龙胜红瑶未婚女子

图 2-11　融水花瑶女子

图 2-12　防城港花头瑶

多的是从服饰的差别上去认识、了解不同支系瑶族的族群文化。他们将穿着不同服饰的瑶族分别称为"红瑶""花瑶""白裤瑶""花蓝瑶""尖头瑶""顶板瑶""大板瑶""长发瑶"等。广西龙胜的红瑶，因其女子穿着红色丝线绣制的红上衣而得名。广西融水一带的花瑶，因其女子从头饰、衣、裙到脚上的鞋，都绣满五彩斑斓的纹样，人们便美誉其为"花瑶"。防城港市防城区的花头瑶，其女子头盖五彩斑斓的头帕，顶上披挂彩珠和红绒穗，因头部装饰斑斓绚丽，当地群众称之为"花头瑶"。广西南丹县的白裤瑶，则因其男子都穿白色土布灯笼裤而得名。广西大瑶山的花蓝瑶，其女子服饰均绣有精美的图案纹样，色彩斑斓，被他人称为"花蓝瑶"。"花蓝"，花花蓝蓝之意，即赞誉其服饰美丽。

广西隆林各族自治县的苗族大部分是清代从黔西南迁徙而来的，进入隆林后主要分布在德峨、克长、蛇场、猪场、常么等乡，由于原居住地的不同，到隆林后又分散居住，生态环境不同，与周边壮、汉等民族的交往也不一样，从而形成偏苗、红头苗、花苗、清水苗、白苗、素苗等6个支系，各支系的族群文化都有较大的差异，服饰文化也各有特点，从服饰上看，偏苗妇女的盛装很艳丽，而便装则较为朴素。其妇女习惯在头部右侧的发间

图 2-13　金秀花篮瑶

图 2-14　隆林偏苗

图 2-15　隆林红头苗

图 2-16　隆林花苗

斜插一把木梳，故名"偏苗"。上穿无扣对襟衣，系麻布蜡染长裙，朴素典雅。红头苗因其男女过去都用红头帕包头而得名。民国年间，国民党忌红头巾与红军崇尚红色有牵连，曾强令收缴红头苗的头巾，青年人被迫以白、蓝色头巾包头。花苗因其妇女上衣、围裙、脚绑等均用红、黄、青等彩色丝线刺绣各种图案纹样而得名。在隆林的苗族中，花苗女子不仅上衣是最漂亮的，全部绣满彩色图案纹样，下身穿的蜡染百褶裙，也是花团锦簇，十分艳丽，就像一朵盛开的山花，故被人们誉称为"花苗"。白苗因其女子喜穿用雪白麻布制作的百褶裙，不染色，不绣花，一片素洁，故名"白苗"。清水苗妇女衣裳尚青，据说其祖先来自清水江边，其民亦如清水江水一样清纯、洁净，因以得名。素苗亦称"栽姜苗"，又因其祖先在黔西南时曾为庄主之庄丁，故又名"哉庄苗"。其女子衣袖宽大，上衣挑绣各种图案纹样，扎腰带，系脚绑，衣着古朴庄严。

正因为服饰是族群的符号，所以，少数民族妇女才会终其一生苦练服饰技艺，为我们留下精美绝伦的艺术珍品。

水族在清代以前多穿蓝色和尚领无扣长衫。清兵入关后，男子穿大襟无领阔袖青蓝色长衫，内衬白布短褂，

图 2-17 隆林素苗

图 2-18 南丹水族

下穿青蓝色宽筒便裤，冬天穿棉长衫和夹裤。女子多穿无领对襟短衣，身大袖宽，银扣，衣角镶彩色花边，下穿百褶裙，系青布围腰，有的还打绑腿。清朝统治阶级曾强迫水族人民改穿紧身衣、马裤、旗袍，放弃传统民族服饰，水族人民极为不满，不断奋起反抗，拒绝改装。

大新县板价一带的壮族男子过去穿无领琵琶衣，裤子与当地汉族同。妇女穿短衣长裙，上衣短而窄，长约30厘米，仅到腰，袖长约15厘米，右衽，纽路从颈口往右经腋下直到襟边。颈边、袖缘、衣边均绣有彩色花边。裙子的式样虽然简单，但系裙的方法很特别。裙用黑土布缝制，裁为扇形，两边连有长带，系裙时由前面围到后面，再绕到前面用带打结，然后把左边裙底插到右腰间，右边裙底插到左腰间，在腰后形成交叉的裙幅。民国21年（1932），国民党广西当局嫌这种裙子怪异，"有伤风俗"，派警兵拿剪刀到圩集上抓人剪裙子，遭到当地壮族群众的强烈反对。直到20世纪60年代，当地壮族妇女仍穿此裙。

第三节　身份、地位和等级的象征

人类自从进入阶级社会后，随着社会财富的增加，人们对财富的占有开始出现多寡不均的情况，社会贫富分化逐渐加剧。一些既得利益者，特别是氏族部落的首领为保证自己对财富的永久占有，便制定各种规章制度、法律，将自己与广大贫民阶层区分开来，于是，服饰亦成为区分、识别不同社会成员身份、地位、等级的标志。

在等级社会中，服饰是一个人身份、地位的外在标志。在古代中国，历代统治阶级都十分注重服饰的等级观念，把它作为国家大事来抓。特别是在等级森严的汉族封建社会中，财富的悬殊、身份的尊卑、地位的高低等，都会导致对服饰的不同追求，而统治阶级为了表现其至高无上的权力与威严，对各阶层、阶级人士穿什么、戴什么、佩什么都制定有严格的戒律，用以"表德劝善，别尊卑"，并形成"只认衣衫不认人"的势利观念。清代广西汉族，官绅富户，男穿长衫马褂，女穿短衣长袍，衣襟和袖口多镶边。面料多为丝绸。一般百姓，则穿土布制作的服饰，男子多穿青色或蓝色琵琶襟上衣，下穿宽脚长裤。妇女多穿大襟衣，下穿宽脚长裤。

图 2-19 《皇清职贡图》岑溪猺人

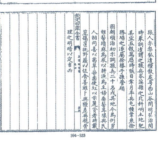

图 2-20 　清代桂北汉族女子服饰

　　根据文献资料和出土文物分析，中国服饰制度的初步建立，大约在夏商以后，到周代已逐步完善。西周时期，随着社会生产力的发展和土地所有制的变化，西周的等级制度也逐步确立。与这种等级制度相适应，产生了完整的冠服制度。从这个时期的铜铭文及《诗经》、《周礼》等记载来看，周朝不仅有服饰制度，还专门设"司服"一职，掌管服制的实施，安排帝王的穿着。自天子以至卿士，服饰各有等差。周代后期，奴隶社会日趋瓦解，封建社会逐步形成，服饰制度被纳入"礼治"的范围，成为礼仪的表现形式。从此，服饰等级制度日益森严。正如董仲舒《春秋繁露·服制》所说："虽有贤才美体，无其爵不敢服其服。"

　　广西民族服饰的等级制度虽然没有中原汉族服饰制度那么复杂，但以服饰来区分人的社会地位尊卑贵贱的情况同样存在。宋人周去非《岭外代答》说，宋代瑶族一般男子穿"斑布袍裤，或白布巾"，而其头人"则青巾紫袍"。特别是在壮族历史上的土官统治时期，等级森严的土司制度在服饰上的规定也是十分严格的。土官是当地的土皇帝，土官和官族为了炫耀他们的生活富有，穿绸缎、佩金戴银。为了表示土官的威严和特权，他们规定属下的土民只准用黑、蓝二色的粗土布做衣裤，衣服不许有衣领；

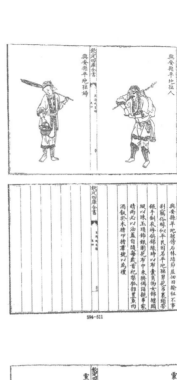

图 2-21 《皇清职贡图》阳朔瑶族

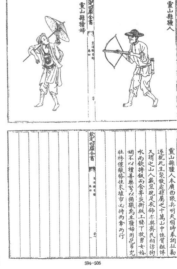

图 2-22 《皇清职贡图》灵山壮族

读书人可以穿灰色或白色短衣，只有考中秀才的人才能像上官一样穿大襟长袍、马褂。

直到清代末年，这种封建等级制仍在一些尚未改土归流的土州中盛行。如在下雷土司（今大新县境内），土官严禁属下土民穿绸布衣和戴毡帽。在全茗、茗盈土州（今大新县境内），土官不许土民穿鞋、袜进城。在安平土州（今大新县境内），土官有多种陋规：土民只准穿自己织的土布服饰，不准穿外来的"客布"（机织布），男女的包头巾严禁用"客布"和绸缎，土民不得穿长衫，不得戴雨帽上街……谁若违犯上述规定，就会遭到毒打和罚钱。在南丹土州，土官规定属下庄民和班夫不得穿有领的衣服，不能用机织布、绸缎等好布料制作衣服。等级社会中关于服饰的清规戒律，折射出人间社会的苦辣悲欢。

第四节　性别、年龄和婚姻的标志

从考古资料、文献记载和当代原始民族的服饰状况来看，人类男女之间的服饰最初是区别不大的。随着社会生产力的发展，人类由母系社会进入父系社会，由于男女在社会经济生活中的分工不同和生理需要的差别，加上妇女地位的降低，以及审美观念的发展变化，男女之间在服饰上的性别差异才越来越大。

古代信仰习俗认为：男为天，属阳；女为地，属阴。所以，男女之间不仅在经济、政治活动中要有性别区分，就是在服饰上也要有所不同，以体现男女有别的原则。清代广西汉族，男子多穿直领、布扣、对襟或枇杷襟衣，成人衣为9颗布扣，少年5颗，幼儿3颗。衣袋开口，上大下小，一般为4个或2个，少数3个；下身穿宽脚长裤。妇女多穿长到膝盖的大襟衣，下穿宽筒长裤。婚后妇女的衣襟大多镶有数道阑干，从里到外一道比一道细。贫困之人家多穿草鞋、木板鞋或赤脚；一般人穿草鞋、布鞋；富裕人家穿布袜、绣花布鞋、皮鞋。一般说来，老年人服饰尚黑，中年人一般尚青，青年人爱蓝色或灰色。

广西民族服饰性区别的形成，除了受到男女之间在

图 2-23　隆林高山汉族服饰

图 2-24　融水苗族男女喝交杯酒

礼仪上的差别影响外，更重要的是受到男女之间不同的社会分工和男女生理上不同需要的影响，在这些因素的影响下，广西各民族男女之间在服饰上的性别差异才越来越大。据史籍记载，春秋战国时期，居住在广西的壮、侗、水诸族先民，无论男女均着"左衽"衣。明代，部分地区壮族男女的服饰差别仍不太大，均穿短衣短裙。顾炎武《天下郡国利病书》说："壮人花衣短裙，男子着短衫，名曰'黎桶'，腰前后两幅掩不及膝。妇人也著黎桶，下围花幔。"[1] 但清代之后，这种情况有了很大的变化。一是男子逐渐弃裙穿裤，或裙裤均穿，而裙多作装饰用，裤的实用功利日益明显。二是男子的服饰日趋简便单调，妇女服饰日趋追求华丽，装饰繁缛复杂。最后，男子穿裤，女人穿裙或裤成为服饰文化中一种约定俗成的习惯而根深蒂固地保留在人们的思想意识中。

现在，广西各民族男女服饰都有一定的区别。一般说来，妇女的服饰种类较多，饰物丰富，图案纹样繁多，色彩对比强烈，做工精致，并在实用的基础上追求装饰的美学原理与审美情趣，以表现女性的娇美、婀娜；而男子服饰一般多庄重、沉着、朴实，图案纹样简洁明快，

---

[1]　（清）顾炎武：《天下郡国利病书》，卷105《广西》。

图 2-25　三江侗族芦笙坡会上的男女青年

图 2-26　融水苗族

充分显示出男子的英武刚阳、强健膘悍之体态。

苗族男女服饰的性别差异也很大。一般说来，女子服饰比男子服饰复杂，花色式样层出不穷，装饰丰富，一些贵重的金银首饰，也主要装饰在妇女身上。其男子上衣为大襟或对襟短衫，也有的穿长袍，下穿长裤，冬天裹脚绑，服饰式样较为简单。妇女穿大襟右衽衣，下身穿百褶裙或宽筒长裤。裙长短不一，有的过膝，有的仅到膝盖，颜色有蓝、青蓝、黑、紫和白色之分，裙缘刺绣或镶阑干，尤其是蜡染绣花裙，花纹斑斓，佳丽厚重，再佩上银簪、银冠、手镯、颈圈等银饰，与朴素简单的男子服饰相比，更觉十分华丽。

在南丹县白裤瑶地区，男女之间服饰的性别区分也很显著。男子上穿无扣交领衣，下穿长到膝盖的白土布灯笼裤。女子夏天上穿无袖无扣"贯头"浆染绣花衣，冬天穿右衽衣，下穿百褶浆染绣花裙。男女服饰泾渭分明。

那坡县者祥一带的彝族男女均穿白上衣、黑裤子，男女之间的服饰区别主要表现在胸襟的饰物上。男子上衣胸正中处缀有一块称为"档花"的标志，图案为光芒四射的太阳。女子则在胸襟正上方佩戴一块锡铸的"普马"，"普马"图案为两条鱼跃出水面，围住光芒四射的太阳，鱼的上方各有一只飞鸟，以此区别男女。

图 2-27 那坡彝族

图 2-28 隆林仡佬族男女

仡佬族男女服饰也同样存在性别区分。民国初年，仡佬族男子穿右衽大襟长衣，腰束长带。妇女则穿短衣长裙，上衣右衽齐腰，袖背上绣有鳞状花纹，多为浅蓝色或青色面料制作。青壮年妇女的上衣多在颈部和右下腋处用纽扣系结，衽上无花纹，衽下有襟。新婚女子襟边饰有2~3道浅色布条纹，外边套以斗篷。斗篷用整块青布制成，中间挖一个洞为领口，无袖，前短后长，其上多绣花纹，穿时从头上套下。斗篷的颈带和腰中的系带用金属花链构成。下穿直桶裙，无褶，分上、中、下三节，上、下两节多用麻织，饰青、白色条纹，中间用羊毛织成，染为红色。20世纪40年代末，男子逐渐改穿唐装；女子穿无领右衽衣，袖上嵌两道黑边，从颈口至右腋下镶一条约8厘米长的彩色丝绒，鲜艳夺目。喜扎围裙，穿绣花鞋。现在，男子除部分老人还穿长衫外，青壮年服饰与当地汉族相同。妇女的服饰与当地壮族相似，包黑色头帕，穿青色或浅蓝色右衽衣，衣领扣处每边各有4颗银扣，颈下、胸前、袖口及两肩均用黑布镶边，一般是大边1条，小边3条。衣长仅齐腰。下穿长裤或绣花长裙，脚穿绣花鞋。

在古代社会，尤其是原始部落、族群中，人们都将少儿成长为成人看作是人生中的一件大事，对少儿成为成人的年龄界限看得非常重要。只要少儿一进入部落、族群公认的成年人年龄，举行一定的仪式，就意味着他从此可以参加部落、族群中的各种会议，可以谈情说爱、结婚生子，并有为本部落、族群的利益去斗争，甚至献出生命的义务。《礼记·曲礼上》载："男子二十而冠，女子许嫁而笄。"就是说到20岁才可行冠礼，表示从此结束"垂髫"的少年时代，束发戴冠，宣告已经长大成人。

广西少数民族大多分布在山区，地处偏僻，交通不便，与现代社会交往较少，因此在人生礼仪上也留下较多的传统习俗，不少家庭和族群仍十分重视成年礼，虽然不少仪式已由繁入简，但仍十分严肃，容不得半点

图2-29　贺州土瑶未婚女子

轻视和亵渎。广西贺州土瑶女孩，幼年时戴绣花绒帽，十四五岁时，父母亲便为她举行戴木帽仪式。姑娘一旦戴上木帽，便被公认已长大成人。举行仪式前，父母亲要上山砍油桐树制作木帽，并在家中正屋前搭一间小木房，房内空间窄狭，仅容一床一桌，供姑娘与情人幽会，俗称"情人房"。择吉日举行仪式，召同村年龄相仿的好姐妹同聚于姑娘家中，由母亲当着众姑娘的面把女儿所戴的绣花绒帽脱下，将发剪得只剩头顶一小束，然后将木帽戴于姑娘头上。从此，姑娘便可搬入"情人房"单独居住，每当夜幕降临，一首首缠绵的情歌如云雾环绕于小木房周围。

广西大瑶山一带的茶山瑶认为，小孩是"花婆神"送到人间来的。为了酬谢花婆神，必须在小孩出生后到15岁之间先后举行"架七星桥""架水沟桥""架冲桥""做前身鸡""做前身鸭""做前身猪""做平楼""还花"等8次酬神仪式，俗称"还花"。其仪式可一个人单独做，也可以兄弟姐妹数人共同举行。最后一次"还花"仪式一般在15岁时举行，以标志小孩已经成人，从此脱离"花婆神"。其仪式极为隆重，耗费很大，须杀4~7头猪，鸡若干，孵化过的鸡蛋若干，共凑成九牲，或十五牲，或二十一牲祭品，请师公数人祈禳一昼夜，击长鼓，吟唱

《还愿婆皇上筵南堂歌唱》等经书。最后，参加"还花"仪式的孩子换上成年人的新衣服，在师公率领下，反复4次穿过用竹片、白布、纸花等扎成的门楼，意为从此成为大人，可独自参加各种社会活动。

　　服饰因人的年龄大小不同而有所区别。在人生的不同阶段，年龄的不断增长，不仅造成了人生理上的差别，而且在服饰上也形成了不同的类型和风格。这种因年龄大小而发生的服饰差别，主要表现在发型、头饰以及服饰式样的大小、图案纹样的多寡和色彩的艳素上。

图2-30　金秀茶山瑶女子

居住在桂西北大石山区的毛南族，其女子成年虽不用举行任何仪式，但各个年龄阶段的女子服饰都大有区别。20世纪50年代后，女童服饰多用自织、自染的蓝靛土布制作，头戴布帽或毛线圆帽，上穿右开襟上衣，下着挂带开裆裤。少女服饰仍以蓝靛土布制作，但开始梳发留辫，戴顶上缀绒球的毛线圆帽，上穿蓝色右开襟衣，下着封裆裤，脚穿千层布鞋，着装简朴，天真无邪。进入青春期的姑娘以士林蓝、天蓝、粉红、桃红等机织布制作服饰，扎一条长到腰际的长辫，上穿右开襟紧身衣，衣领、襟缘、袖口均镶嵌3道花边，下穿裤脚镶3道花边的长裤，手戴银镯。花边有大小之分，大条花边如筷条头大，因镶绣费工少，缝制容易，是平时在家和劳动时穿的；小条花边如火柴梗一样粗细，纹样细腻，精致美观，是姑娘们赶圩对歌、探亲访友时穿的盛装，再戴一顶金面黑边的花竹帽，显得风姿绰约、婀娜多姿。已婚妇女披发或扎长辫，戴银耳环，衣、裤与青年姑娘略同，但颜色多为青色或蓝色。腰前多系一条绣有云藕、花草纹样的黑布围裙，脚穿千层白底黑布鞋，成熟中透露出端庄秀丽。老年妇女盘发髻于脑后，髻上插一玉、银或竹簪，外包黑头巾。以黑土布为衣料，穿右开襟上衣、宽头裤，探亲访友时穿自制的白布袜、勾头绣花踏跟鞋，给人以朴

图 2-31　环江毛南族女子

图 2-32　隆林高山汉族妇女服饰

实庄重、利索大方的感觉。

发型是服饰的一个重要组成部分之一，也是广西各民族区分年龄的一个重要标志。贺州市八步区铺门汉族女孩，六七岁即穿耳，十一二岁留发扎辫子，辫稍缠扎红丝线；十五六岁时额前留刘海，俗称"披层"；出嫁时将发结成略向后倾的发髻，如盘蛇状，髻上斜插银簪，髻下两边余发梳成翅形将耳盖住，俗称"凤髻"。两耳戴金耳环，手戴玉镯或银质龙镯，俗称"蛇头镯"。

龙州县一带的壮族姑娘，不同的年龄阶段梳不同的发式。青春年华、情窦未开的小姑娘，头上梳刘海，让短发垂下；已经有了对象，或是结了婚，但未曾生育的女子，把前额的刘海梳向右边，用发夹夹起，而头的左边和后脑仍留刘海；成家有孩子的少妇则把头发往后边梳起，结成发髻。知情人一眼望去，便知谁是少妇，谁是黄花姑娘。柳城县古砦一带的壮族少妇剪发平肩，用绸缎或布将发扎于头上，形如两只角；未婚姑娘留长发，梳两根长辫，辫尾用红绸缎扎两个蝴蝶结，形如两朵鲜花，前额有刘海；已婚女子剪发平肩，在左耳边用红绸扎个结，梳妆简便；已生育的少妇剪发平肩，头发不编不结，打扮随便；中年妇女剪发平耳边，再戴帽或包头巾；老年妇女留长发，结髻于脑后，用银针扎住，再戴帽或包头巾。梳装打扮，老少分明。贺州八步南乡壮族，未婚女子过去喜蓄长发，留刘海，或扎长辫一条，或将左边头发梳到右边用发卡夹住。出嫁之日，新郎家派人送来一面镜子、一把梳子、一支髻簪及大小红丝绳两条；女方家则请几个子女双全的"命好"妇女来家庆贺。由姑嫂用灶灰擦新娘前额、眉毛、颈背等部位，用细纱线绞掉其颈上、脸上的汗毛，将眉毛修为弯月状，再解开新娘长发，从中间向四周分开，编成一股股小发辫，由后向前盘"凤头大髻"，以红丝绳扎好，罩以圆形纱线网罩，髻上插银簪或玉簪，俗称"开眉"，表示姑娘从此进入人生的新阶段。

龙胜和平乡黄洛村红瑶，妇女喜留长发，有"天下长发第一村"之美誉。当地红瑶女孩子13岁时便开始蓄发，一生之中只在16岁时剪一次头发，以象征长大成人，此后，终生不剪。待字闺中的姑娘从不把头发轻易示人，盘长发于头，形如螺丝，然后用头巾将满头黑发包得严严实实，不让外人看见一缕青丝。当地习俗认为，只有新郎才有资格第一个见到新娘的秀发。结婚之后，就梳发盘髻于前额，再用一块头巾包住发髻，露棱角而不露发髻。生孩子当妈妈后才把头发直接盘在头顶上。她们认为头发是人的精血，尤其是妇女的头发，更是生命的象征，所以女子都留长发，一般妇女的头发都有1米以上，最长

图 2-33　龙胜红瑶未婚女子

图 2-34　龙胜红瑶已婚女子

的有 1.9 米，创下"群体长发之最"的世界吉尼斯纪录。为了保护乌黑的长发，她们从不用都市里出售的洗发剂，而喜欢用洗米水洗头，然后再到村边的溪水中冲洗，青山绿水之间，一群姑娘争相戏水，长长的乌发如同瀑布倾泻，构成一幅幅优美动人的画卷。

在侗族地区，未婚姑娘常将长发梳为双髻，出嫁时，则要改双髻为单髻，盘于脑后。新娘出门的头天晚上，要举行隆重的改髻仪式，同村的姐妹，族内的嫂子、婶娘都来送行，共同吟唱《解髻歌》和《盘髻歌》。过去，当新娘的双髻被解开重新梳妆时，同村姐妹会陪伴新娘心酸地唱：

> 蝌蚪把大尾巴摔掉，
> 为的是能自由自在地跳；
> 金鸡把一身旧羽毛脱下，
> 为的是能穿一件新花袄；
> 女儿我把双髻解下，
> 怕捡得的是无限的烦恼……

20 世纪 50 年代后，侗族村民生活逐渐富裕，男女婚姻民主自由，新娘改髻仪式一派喜气洋洋。众亲友纷纷

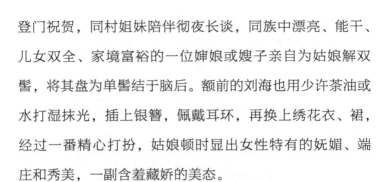

登门祝贺，同村姐妹陪伴彻夜长谈，同族中漂亮、能干、儿女双全、家境富裕的一位婶娘或嫂子亲自为姑娘解双髻，将其盘为单髻结于脑后。额前的刘海也用少许茶油或水打湿抹光，插上银簪，佩戴耳环，再换上绣花衣、裙，经过一番精心打扮，姑娘顿时显出女性特有的妩媚、端庄和秀美，一副含羞藏娇的美态。

而居住在三江侗族自治县林溪河一带的侗族姑娘，已婚者绾髻于后，插银梳；未婚者则留一小束发尾绕髻插入银梳内。苗江河一带，未婚者扎髻在额前，已婚者则在发髻上另加白布折叠围头。

图2-35 三江侗族未婚少女

图 2-36　三江侗族女子

图 2-37　南丹白裤瑶少女

白裤瑶男女小时都剪短发，十三四岁便开始留发，标志已为成人，从此便可参加成年人的社交活动。已婚男子将长发盘头，外缠布带；已婚女子则将长发束于头顶，结成从后往脑前伸的长形发髻，再包以蓝黑布头巾，以布带扎紧。

彝族女子的发饰也有讲究，女孩子十二三岁后便开始蓄发编辫子，缠绕于脑后，然后包上头巾，不让秀发外露；已婚妇女将前额上的部分头发剃去，并在脑后的发髻上戴簪子和链形银发饰。

头饰也是区分年龄的重要标志之一。都安、大化、巴马一带的壮族妇女，在赶圩、走亲戚或赶歌圩时，每人头上都包一条崭新的白底花边毛巾。已婚妇女用毛巾包头打结；未婚姑娘将毛巾折叠三四层，使之像手帕般大小，盖在头上，以示区别。凤山县长洲、砦牙一带的壮族妇女，头上喜包绚丽多彩的头巾。未出嫁的姑娘包纯白色头巾，两端各有 3 条约 10 厘米宽的彩色花纹，末端缀白色丝穗；已婚少妇头包白底蓝线花格巾，两端缀有黑白混杂的丝穗；老年人包纯蓝或纯黑头巾，两端无丝穗。年龄不同，不仅头巾会不同，就是头巾的包法也不一样。姑娘包成羊角形，少妇包成盘碟形，老太婆包成桶箍形。因此，从妇女头巾的图案纹样及其包法便可识别老少、婚

图 2-38　那坡壮族未婚女子

图 2-39　金秀茶山瑶未婚女子

否，在歌圩上找对象或对歌时，就不会"错点鸳鸯谱"了。

广西大瑶山一带的茶山瑶，女孩子童年时将 3 块刻有图案纹样，呈三角锅灶形的银板置于头上，以红色绣带系紧，俗称"锅灶头"。人生步入少年，头饰必须改装。将 3 块长约 30 厘米、宽约 3 厘米的直状银板用布带和绣带固定置于头顶，再以一白布帕覆盖为饰，俗称"曼头"。举行"还花"仪式后的成年女子改用 3 块长约 40 厘米、重约 0.7 公斤，两头翘起的银板置于头上，以绣带系紧，脑后披一长约 50 厘米的白布，微风吹来，上下飘动，甚为美观。

第五节　民间信仰的展现

　　在原始社会的早期阶段，人类对自然现象，如日月星辰的运转、风雨雷电的变化感到不可理解，对饥饿、寒冷、猛兽、疾病、死亡等威胁感到恐惧，于是就对人类自身的生理现象和自然界做了歪曲的解释，认为在人类社会之上有一种无形的巨大力量在主宰自然界和人类，并将这种自然力加以人格化，变成超自然力的神灵，形成最初的宗教观念，这种多神崇拜的观念，对服饰的形成和发展都产生了深刻的影响，特别是在服饰形成的初期阶段，宗教和服饰艺术就像一对孪生姐妹，相互之间有着千丝万缕的联系，相互渗透，难以区分。

　　瑶族是个保留原始宗教信仰较多的民族。在瑶族的原始宗教信仰中，盘瓠图腾崇拜的影响最大，据瑶族民间传说和瑶族民间重要历史文献《过山榜》记载，瑶族的始祖盘瓠是评王的一只龙犬，它在评王与高王的战争中协助评王咬死高王立功，被评王赐与三公主成亲，生下6男6女，自相婚配，传下12姓瑶人。所以，他们相信盘瓠是氏族的保护神，把它作为氏族图腾来崇拜。瑶族对盘瓠的崇拜是多方面的，除节日祭祀外，在婚丧、饮食、

图2-40 瑶族祭祀盘王

图2-41 田林蓝靛瑶头上伸出两边的头帕

生产和服饰等方面都有所表现。由于传说中的盘瓠是一只"五彩斑斓"的龙犬，所以，瑶族服饰无论男女都要在领边、袖口、襟缘、裤脚、胸襟两侧等处绣上图案纹样，有的瑶族还特意把上衣裁得前短后长，有的将头发梳成角头，再盖上花头帕，以象征狗图腾；有的故意将一节腰带垂于臀部之下，或于裤筒两侧绣上红色条纹，以示纪念盘瓠。庞新民《两广瑶山调查》说："瑶人头饰，女人帽之尖角，像狗之两耳，其腰间所束之白布巾，必将两端作三角形，悬于两股上侧，系狗尾之形。又男子裹头巾将两端悬于两耳之后，长约五六寸，亦像狗之两耳。男子腰巾结纽于腹下，如上述之垂以若干铜钱者，像狗之生殖器。瑶人相传彼祖先乃一狗头王，故男女装饰均取像狗之意。"刘介先生亦认为，瑶族服饰上的红线条与其图腾崇拜有关，他在《苗荒小记》中说："狗头瑶祀狗。据苗人所传，瑶之始祖父犬而母人。或曰：女为高辛氏公主，生子四，挈犬出猎，犬老惫不能工作，子怒，推诸河，死焉。及归，其母问犬，子以告，母大恸，以实语之，子亟赴河，负犬尸还。犬时口流鲜血，沿子胸部而下，子哀之。自后缝衣，必纫红线两条，交叉于胸，所以为念也。……瑶之衣服，今犹相沿不变。"过去，瑶族无论男女都缠头巾，扎绑腿，究其原因，据瑶族民间传说，盘瓠与三公主结婚后，白天在人前仍是龙犬，晚上却是个美男子，他身上的斑毛就是彩色斑斓的龙袍。一天，三公主对龙犬说："你晚上可以变成人，索性变成人不更好，何必白天又变成狗？"龙犬对妻子说，只要把他放在蒸笼里蒸7天7夜，便可脱净身上的毛变成人。于是三公主照龙犬说的去办，当蒸到6天6夜时，三公主担心把龙犬蒸死，便揭开蒸笼盖看，见龙犬果然已变成人，但因蒸的时间不够，所以头上、腋下、脚胫上的毛

图2-42　南丹白裤瑶男女

仍未脱落。而再盖起来蒸已无作用了，于是只好把有毛的头、脚径缠裹起来，据说这就是瑶族包头、扎绑腿的来历。这些记载和传说，反映了人们和瑶族先民对自然界的不了解和错误认识。时光如箭，往事如烟，这彩色缤纷的头巾、绑腿已成为瑶家子女对祖先创世的信仰展现。

苗族是个保留原始宗教信仰较多的民族，在远古时代，苗族先民由于对自然界不了解，认为一些动植物与自己有某种神秘的血缘关系，并把它们作为图腾来崇拜。据苗族创世古歌说，远古时期，一株参天的枫树心变成了蝴蝶，蝴蝶与水泡结合生了 12 个蛋，这 12 个蛋后来孵化出人类的始祖姜央和雷公、龙、象、水牛、花、蛇、蜈蚣等 12 个兄弟，从此，人间便有了人和各种动物，为了纪念始祖"蝴蝶妈妈"，苗族妇女便把蝴蝶化为图案纹样绣在衣服和围裙上，在她们的心灵深处，"蝴蝶妈妈"是无时不刻都与她们同在的，崇拜祖先的观念就这样潜移默化地进入苗族民间刺绣中。在今天的苗族传统服饰上，我们还能常看到蝴蝶飞舞的美丽图案，这些栩栩如生的图案纹样，有的与自然界中的蝴蝶一模一样，有的则由民间艺人按照自己心目中的蝴蝶形象作了艺术加工，这些蝴蝶大多在腹下或两翅间长个人头，胖胖的脸，圆圆的眼睛，亲切慈祥，这便是苗族人心目中的"蝴蝶妈妈"。

在原始社会初期，人类曾主要依靠采集野生植物和猎取动物来充饥，以求生存。野生植物和动物在这一时期为人类生存必不可少，同时，受万物有灵思想意识的影响，人类便把这些与自己生存关系密切的动、植物尊奉为神，加以崇拜，这是原始宗教的一种普遍现象，对龙、凤的崇拜尤为突出，这种崇拜在服饰上也有所反映。

广西的壮、瑶、苗、侗等民族普遍把龙、凤的形象反映到服饰的图案纹样中，特别是在壮族男女青年随身背挂的壮锦袋上，其龙、凤图案的造型更是生机勃勃，栩栩如生。防城港市防城区峒中镇板沟村保存的一件山子瑶道公服饰，其正面分别用黄、绿色绣两条长龙和鱼，背面分别绣两条龙、犬及数百个人物图像。这是因为广西

图 2-43 三江侗族刺绣中的凤纹样

图 2-44　瑶族师公服

图 2-45　富川瑶族头上的太阳纹样

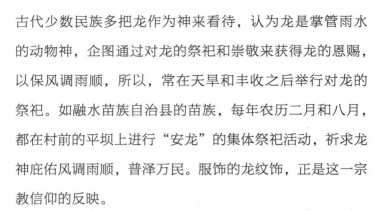

古代少数民族多把龙作为神来看待，认为龙是掌管雨水的动物神，企图通过对龙的祭祀和崇敬来获得龙的恩赐，以保风调雨顺，所以，常在天旱和丰收之后举行对龙的祭祀。如融水苗族自治县的苗族，每年农历二月和八月，都在村前的平坝上进行"安龙"的集体祭祀活动，祈求龙神庇佑风调雨顺，普泽万民。服饰的龙纹饰，正是这一宗教信仰的反映。

古代原始初民，对日月星辰的运转、风雨雷电的变化、春夏秋冬的更换等自然现象感到十分不可思议。于是，在"万物有灵"观念的影响下产生天体崇拜观念，太阳崇拜则是天体崇拜中最常见的一种信仰崇拜。据滇桂边界的壮族民间传说，从前天上有 19 个太阳，把地上万物都晒得快死了。后被壮族英雄郎正用弓箭射下 17 个，最后剩下 2 个，1 个是今天的太阳，1 个是月亮，它们躲着不肯出来，人间没有了白天黑夜。人们只好向太阳请罪，求它出来照亮大地，并从此形成祭太阳的习俗。壮族先民对太阳的崇拜不仅表现在崇拜仪式上，而且在民族传统服饰上太阳纹的图案纹样也无处不在，从中可以看到人们对太阳神的崇拜。不仅壮族，广西其他少数民族也都崇拜太阳神。在广西少数民族服饰图案纹样中，太阳纹是最常见的图案纹样之一。广西盘瑶妇女的头帕和小孩的背带

图 2-46　侗族背带上的九个太阳纹样

图 2-47　壮族刺绣

上都喜绣光芒四射的太阳纹，俗称"太阳花"。"太阳花"一般用红、黄二色丝线绣，以象征太阳的颜色。先用红线绣成圆点，再用红线配黄线绣四射的光芒。绣好后，太阳纹一般都要在头部正前方，以示神圣庄严。在瑶、苗、侗等民族的儿童帽子上，往往都钉缀有太阳纹的银饰。隆林彝族"麻公妈"在跳弓节中穿的蜡染衣上，也绘满太阳纹的图案。

　　壮族民间习俗认为，花王婆是主管生育的女神，壮族始祖米洛甲就是从花朵中生出来的，而人则是从米洛甲后花园中的花朵转世到人间来的。所以，壮族求生育的方式之一就是祭祀花神，在花王婆生日那天到野外采花来佩戴或插于床头。为表示对米洛甲的崇敬，还将各种花的纹样恭敬地绣于儿童的帽子、背带和妇女上衣的胸襟，花的上部绣有鸟纹样和蝴蝶纹样，象征天；花的下面多绣锯齿形的草纹样，象征地；中心部为大花，则象征繁衍人类的壮族始祖米洛甲。

第六节　一方水土一种衣

地理环境是人们赖以生存的物质基础，是人们进行物质文化和精神文化交流的活动场所。"一方水土一种衣"，一个民族长期居住、生活在一定的地方，受该地区生态环境的影响，人们所制作的服饰必然和这一生态环境相适应。广西京族长期生活在海边，主要从事渔业生产，终日奔波于沙滩和渔船上，为方便于沙滩上行走和船上劳动，常赤脚，所穿衣服比较宽松，裤筒肥大，既宽松凉爽，保护身体不受海风侵袭，又易于将衣袖和裤筒往上拉，以便下水工作，既使是落入水中，也容易脱下，尽快脱险。大多数人喜戴斗笠，妇女还在斗笠外加一条布帕，以遮挡阳光和海风。而居住在山区的苗、瑶等民族，由于长期从事刀耕火种的山地游耕农业和采集、狩猎生活，山高路陡，草深林密，出门不是爬山就是下坡，走路时既要下肢大幅度地运动，又要防荆棘草丛割伤皮肤。所以，男子的裤裆都较宽大，以利奔跑；为保护身体不受外界伤害，男女都包头巾，打脚绑。

广西地域辽阔，南北跨越6个多纬度，东西跨越近8个经度。境内山岭连绵，山区面积广大，占全区总面积的

图 2-48 京族女子

图 2-49 瑶族男女

74.8%，平原仅占全区总面积的 14.4%。因此，广西是一个山多平原少的自治区，素有"八山一水一分田"之称。境内山脉纵横，地形复杂，从而造成气候的地域差别十分明显，南北不同，东西有别；就是在同一地区，山顶和山脚也有明显的区别。南北气候的差异，主要表现在温度上，北部夏热冬冷，四季分明，属中亚热带；南部夏长冬短或全年无冬，属南亚热带；北部湾沿岸及附近岛屿，终年暖热，具有边缘热带或热带季风气候特征。东西差异主要表现在降水上，东部年降水量在 1500~2000 毫米之间，降水日数达 170~190 天，雨季长达半年，气候湿润；西部年降水量在 1200~1500 毫米之间，降水日数为 130~170 天，降水集中在 5~8 月，雨季较短，气候比较干燥。同一地区的气候差别也主要表现在温度上，山顶气温往往要比山腰和山脚低几度，天气复杂多变。这种地理环境的差异不仅造成不同民族的服饰互不相同，各有自己的民族特点；就是在同一民族内部，由于所处的地理环境不同，经济生活各异，服饰的式样和风格也各具特色，从而造成服饰文化地域性和多样性的特点。

壮族是广西的原住民族，历史文化悠久灿烂。20 世纪 50 年代初，大多数男子上穿开胸对襟唐装，下着长裤，有钱人家的老人冬穿右衽大襟长袍，学生和干部多穿学

图2-50　隆林仡佬族女子

图2-51　龙胜壮族

生装和中山装，妇女多穿开胸对襟或偏襟上衣，腰系四周绣有彩色花边的围裙，下穿长裤或裙，劳动时，披一块绣得精致结实的垫肩。壮族人口众多、分布地域广，各地壮族所处的地理环境和经济生活都不尽相同；加上长期以来一直受自给自足小农经济的限制，处于一种互相隔离、互不来往或少于来往的封闭环境；再加上历史上土司制度的封建割据，地理环境的作用更加突出，从而导致了文化发展的地域性和封闭性，在服饰上形成了浓厚的地方风格。

桂北龙胜一带，山清水秀，四季分明。夏天，壮族妇女多包印花或提花毛巾，上身穿深蓝色或带花短衫，外套不绣花、不镶边的对襟无领白布上衣，胸前只钉两组布纽扣，露出带花的内衣，内外衬托，显得淡雅秀丽。下穿青黑色宽脚长裤，离裤脚数厘米处或膝盖处镶有一宽一窄、颜色或红或蓝的两道彩色阑干，十分艳丽。其冬装又略有不同。男女均包黑头巾，老年妇女穿黑色无领开胸对襟衣；女青年穿绣有红、绿、蓝、白、黑5种色彩镶边的上衣，下穿宽筒裤，裤筒膝盖处镶有蓝、红、绿等色的丝质或棉质花边。

生活在靖西一带的壮族，常处于青山绿水之中，受青山绿水的熏陶，其妇女服饰尚青，无论是赶圩还是下田，

图 2-52　南丹壮族年轻女子

图 2-53　南丹壮族妇女

妇女们都穿一身青布或蓝布衣裤，就连老太婆头上的帽子、头帕，也都是青蓝色的。天峨、南丹一带，年轻女子包西林毛巾，让两端的穗子缀于两耳旁，上身多穿浅色右衽衣，衣襟沿边绣图案纹样，胸前围黑布绣花围裙，下穿黑色宽筒黑布裤，脚穿绣花鞋；中年妇女多包黑布头帕，穿青布或蓝布右衽衣，盛装襟缘镶绣图案纹样，胸前围黑布绣花围裙，下穿黑色宽筒黑布裤，脚穿绣花鞋；老年妇女则包黑布头帕，穿黑布右衽衣，胸前围黑布绣花围裙，下穿黑色宽筒黑布裤，脚穿绣花鞋，着装简洁朴素。

　　天等县一带的壮族，男子身穿对襟圆领阔袖宽身衣，

图 2-54　天峨壮族妇女

用布带系结，下穿宽筒叠裆裤。女子上身穿右偏襟圆领窄袖紧身短衣，长至裤头，矮领露颈，颈口到右腋下的衣襟和两袖口均饰丝绒大花边，下穿宽筒裤。县境内的天南、爱乐一带的妇女则穿裙，其式样极为别致，解开是一块方布，围起来成为裙，裙子正面两腿心处各绣一条垂直对称的大花边，在臀部处打几个皱折，臀部下的裙脚卷起约 3 厘米，两边缝数针，使后裙脚弓形翘起，从前面看是桶裙，从后面看是折褶裙，很有特点。生活在桂西边境那坡县的壮族，服饰古风至今未改。其妇女穿自家染织的蓝黑色布衣裙，从头到脚都是黑色或蓝黑色，故称"黑衣壮"。头包黑布巾，上衣仅至肚脐，刚好接住裙头，纽路从领口往右腋下开，下摆左右两侧开叉，两角上收呈弧形，裙缘用彩线锁扣一道细边，裙口、衣襟均滚一道浅色布边。下身穿宽脚长裤，外套长至膝盖的黑色百褶裙，用浅色布作裙头，裙脚滚 3 条边，穿时由前往后系，走路时将裙摆掖在腰带里。这种服饰从上到下明显地分为三个层次，故又叫"三层楼"。

凌云县壮族，男子穿无领长襟衣，裤与汉族同。妇女穿长衣长裤，上衣长过膝盖，袖宽 18~20 厘米，胸部有 3 条红布和一块黑布从前面绕到后面，十分醒目。平时穿裤，裤筒宽约 40 厘米，结婚、走亲戚、赶圩时多穿裙，

图 2-55 那坡黑衣壮女子

图 2-56 贺州壮族女子

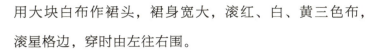

用大块白布作裙头，裙身宽大，滚红、白、黄三色布，滚星格边，穿时由左往右围。

桂西北都安、巴马、东兰、大化一带的壮族姑娘，头包西华毛巾或提花包巾，秋冬之后所穿的几件衣服，总是最里面的那件最长，从里到外依次缩短，仿佛楼梯状，历历可数，而且每件衣服的颜色都不相同，很有特色。

贺州南乡壮族女子用黑布头帕包头，再以红布带扎紧。上身穿长过膝盖的黑布圆领右衽长袍，袖口、胸襟缘镶红、蓝、黄三色阑干，下穿宽筒黑布长裤，裤脚镶黄布阑干和刺绣阑干，穿绣花布鞋，腰扎两端刺绣白色纹样的红布腰带，整个打扮古朴端庄。

瑶族服饰的地方特色更为突出。千百年来，由于历代封建统治阶级的民族压迫和民族歧视，以及刀耕火种游耕生活方式的影响，瑶族在长期的历史发展过程中，随着政治、经济、文化生活的不断变化，逐渐发展成为一个支系繁多的民族，分布广而零散。大多数瑶族散居在五岭南北的高山密林中，海拔多在 1000 米左右，故有"五岭无山不有瑶"和"高山瑶，矮山苗，汉族住平地，壮侗住山槽"等地方民谚。由于瑶族多居住在高山峻岭，过去主要以刀耕火种的游耕和狩猎为经济生活，山上的草木、花卉、蝴蝶，森林草丛中的麻雀、斑鸠、画眉、锦鸡等，都给他们留下深刻的印象，都对他们服饰文化的形成和发展有重大影响，所以，瑶族服饰自古以来便五彩斑斓，绚丽多姿。同时，瑶族居住比较分散，在广西的 83 个县市中，有 71 个县市有瑶族居住，从而形成"大分散，小聚居"的分布特点。瑶族村落一般由几户到几十户人家聚族而居，周围毗邻汉、壮、侗、苗等民族的村落。山高壑深，交通不便，各支系之间很少来往。由于地理环境的差异，对外交往不一样，受毗邻民族的影响也不同，加上地理环境所造成的封闭性，在服饰上便形成了众多的款式和地域风格。直到 20 世纪 50 年代后，各地瑶族服饰就式样说来，仍有六七十种，每个地方的瑶族服饰都有自己的鲜明特色。

一般说来，瑶族男子上穿对襟或右衽铜扣衣或交领衣，下穿宽筒长裤，腰和小腿绑扎布带。妇女穿圆领花边对襟或右衽长衣，下穿挑花长裤或百褶裙，扎绣花腰带、围裙、绑腿。但细分起来，各地瑶族服饰的艺术风格和款式又各有不同。

田林县盘瑶妇女喜用蓝靛染成的黑土布制作服饰，纱粗布厚，穿着暖和。用一条 2 米长、3 厘米宽的黑布巾缠头，两端绣有红、绿、黄、白相间的彩色纹饰。包头时，先将头巾折成 6 厘米宽，层层缠绕，在额前交叉为"人"

图 2-57　田林盘瑶女子

图 2-58　田林木柄瑶

字形，让两端的彩色纹样全露于前额。再往前额的头巾上插一朵红花，让人感到一种纯朴的青春美。上衣分为内、外衣，外衣为无领无扣对襟长衫，衣长过膝，几乎与裤脚平，腰部以上的两边衣襟绣有8~12种不同的图案纹样，图案纹样两侧挂一串朱红色绒球；袖口用红、黄、蓝、白、黑五色布镶边，后颈部领缘用三角形红、白布镶边，后背挂几十根饰有玻璃珠串的红色丝穗，或挂一块中间黑、四周蓝的方布披肩，蓝、黑布相接处及方布边缘均镶红、白布条，用一条约2米长的黑布腰带将衣服系紧，腰带两端有挑花图案纹样和长穗。内衣较简单，用一块方布挖洞穿头挡在胸前，挂在胸前的半幅为红布底，边缘镶白、黄、红布条，十分醒目。挂黑底青布边围裙，镶花白线边，和青色或黑色的宽筒长裤相配，显得雍容大方。

　　田林县木柄瑶服饰又有不同。男子习惯以巾包头，头巾中间镶绣白色纹饰，包头时，巾两端于额前两侧斜上伸出，形如一对玲珑小角。上身穿左衽短衣，用5厘米宽的白布带束腰，两端绣花缀缨，垂于两侧腰下约50厘米。下身穿长裤，裤外系下摆镶白边的百褶短裙，小腿扎绑带。女子服饰大致与男子同，但衣袖略短，且镶边，下穿平膝或过膝的百褶裙。该县的蓝靛瑶男子则用1米多长的黑布巾包头，上身穿开襟短衣，左襟用红布镶边，钉铜扣，两腋下和后脊梁对直下的衣缘均开5厘米长的叉，下穿长裤。其女子头上盖一块头巾，中间绣黑色图案纹样，两端为15厘米长的白细纱。用一个圆形银簸将头巾套在发上，银簸由30多片形如鱼鳞的银饰组成。上身穿长过膝盖的无领对襟衣，穿时把前后衣襟都翻上，然后用彩色织锦带系在腰间。两侧从腰部处一直开叉到衣脚，开叉处及衣襟均用红布镶边。由袖口往衣袖分别镶约10厘米宽的红布、10厘米宽的灰黑布及1厘米宽的红布，下身穿长裤。

十万大山山子瑶妇女喜用银质梅花发罩罩发髻，发罩顶部是一个八角星的圆形银片，四周上下两行排列插上32块小圆银片。先用红丝线缠头部七八圈，再将发罩箍紧于头上，最后用一块绣有纹饰的方形头巾盖住头部。位于左右两耳上的头巾角，用彩珠和红绒线连结成穗，垂于两耳旁。因头部装饰美丽如花，当地群众称之为"花头瑶"。上身穿后襟长过膝关节、前襟在膝上的无扣交领衣，领口绣花纹，前襟镶约6厘米宽的红布边。挂一块绣有花纹的胸围，胸前两边各坠彩穗，袖口各镶8厘米宽的红、蓝布花边。束红、黄、白、蓝色丝线织成的腰带，两端缀红绒线彩穗。下身穿长仅50厘米的短裤，裤脚用红或蓝

图 2-59　田林蓝靛瑶

第二章　富有情趣的文化意境

图 2-60　十万大山花头瑶

丝线镶边。小腿着脚套，用彩色丝带系紧。行走时，将上衣后的一幅衣角撩起扎在腰带上，既凉爽，方便行走与劳动，又能显示青春的健美。

十万大山的板瑶妇女则在头发上绑一块红布包的顶板，顶板用 2 米红布、3 米其他颜色的布叠成 5 厘米宽、10 厘米长的布条，依次共叠 28 层扎紧而成。戴时先将头发编成一条辫子卷于头顶，用绳扎住，再用黄蜡封好，然后再将板固定在头顶的蜡发上。最后，用一条两端绣有纹饰的 2 米长的白布或白花布盖住顶板和耳朵，扎紧于脖子上。以其头饰之大小而又有大板瑶、细板瑶之称。上身穿无领对襟衣，胸前、领口周围均镶有花边和瑶锦，衣的两边下摆各开一个 13 厘米长的叉，束两端绣花的白布腰带。下穿长裤，裤脚处用红、黄、黑三色绒线绣 10 厘米长的花边。一身穿着花衣花裤，五彩斑斓。

融水苗族自治县的瑶族男子用红头巾包头，巾上覆盖瑶锦，锦上缀 20 余条彩色珠串。上衣以红为底，四周镶蓝布边，腰以上的衣襟边缘均饰瑶锦。对襟、无领、无扣、无袖，内衬黑布长袖衣，穿时以白布腰带束之。下穿黑布长裤。妇女以黑布包头，上顶人字塔形彩色桂冠，彩线交织，色珠串串。身穿黑布衣，肩、背、胸披倒鹅蛋形的彩色披带，颈挂两圈银项链，胸前缀满大中小型方、

图 2-61　十万大山顶板瑶与花瑶女子

图 2-62　融水瑶族

圆服饰，一身装饰富丽堂皇。姑娘用蓝黑布头巾包头后，再在头巾外加以装饰，整个头饰像个绒帽。戴耳环，挂项圈。穿无扣交领衣，坎肩、胸襟镶上瑶锦，衣袖镶红、绿彩色布条和瑶锦，系蓝黑色腰带，胸前系菱形围裙。下穿平膝或过膝百褶裙，裙上嵌上深红色的长布帕，打脚绑，穿绣花鞋。该县的花瑶服饰又略有不同。男子包黑布头巾，成圆筒状。秋冬季节，男子穿数件上衣，内衣开胸对襟，外衣为右衽黑布衣，从里到外依次缩短，最外面一件最短。每件衣服的颜色各不相同，一眼望去，所穿衣服尽收眼中。下身穿黑色窄口裤。整个打扮十分精悍。女子卷发于头上。上身穿无扣交领衣，衣袖镶满彩色布条，扎蓝黑色布腰带，腰带下系菱形围裙。下穿百褶裙，裙下摆绣数条彩色阑干，打脚绑。因其服饰从上到下都绣满彩色斑斓的纹饰，因而被人们称为"花瑶"。

龙胜各族自治县的盘瑶喜穿青蓝色服饰，男子上衣为低领对襟，系布扣，长至肚脐略下。下穿长到膝盖下的窄口裤，绑青色三角脚绑。妇女头戴瑶锦帽，四周挂满串珠彩穗。身穿开胸对襟衣，上披一个工艺极为精致厚实的垫肩，衣襟绣花边，结实多彩的腰带扎住一条图案古朴的围裙。下穿长至膝下的窄筒裤，裤脚滚花边，小腿缠绑带。

该县红瑶服饰又有不同，其女子头包黑头巾，头巾的中心及四角各有一颗菱形图案；姑娘和已婚但未生育的妇女包头时将发髻包在头巾里，露菱角而不露发髻；当妈妈后就不再包发髻了，上身穿红色绣花衣服，或是全用红绒线织成，或是在黑布衣上全部挑绣各种纹样，盖满衣服。下身穿百褶绣裙，扎绑腿。

三江侗族自治县境内的瑶族男子服饰较简单，头包黑布长巾，身穿紫黑色素服，上衣无领对襟，下穿窄筒裤。节日、走亲戚时穿几重衣，里长外短，以示富有。妇女蓄发盘髻，穿无领花短衣，围花肚兜，束花腰带；下穿紫青色长裙，缠素色绑腿。行走时裙幅飞舞，有如张网之状，十分引人注目。

金秀瑶族自治县境内共居住着盘瑶、茶山瑶、坳瑶、花蓝瑶和山子瑶等 5 个支系的瑶族。茶山瑶主要居住在金秀河沿岸，花蓝瑶多居住在山槽，坳瑶、盘瑶、山子瑶多住在山顶和山坳。由于各支系所处的地理环境不同，在服饰上便各有特点。男子服饰，除部分花蓝瑶和茶山瑶还保留民族特色外，其他各支系男子服饰均与当地汉族服饰无多大区别。女子服饰则很复杂，不仅保留了古老的民族特点，而且各支系的服饰都不太一样。盘瑶多用蓝黑色或黑色布作服饰布料。妇女多以白纱线或红纱线缠

图 2-63　龙胜红瑶

图 2-64　大瑶山 5 个支系瑶族

头，然后再用瑶锦带缠绕在纱线之外。在左右两耳上方的锦带上，分别垂下九束彩穗，头顶覆盖瑶锦。但另一部分盘瑶则在头顶上罩圆锥形的竹笋壳，位于脑后部位的笋壳上有可以通风的洞孔，用边缘绣有花纹的黑布盖住笋壳，布外用饰有铜钉、铜铃的瑶锦带将布绑紧，做成尖塔状帽子，俗称"小尖头"。上衣长约60厘米，无领无扣，老年妇女过去多穿此衣。中青年妇女则穿胸衣遮胸，胸前缝两块红底或黑底的布，左右各一块，俗称"衣襟"，用红、白、绿、黄等色丝线在衣襟上绣10余厘米宽的各种图案纹样，从领口一直绣到肚脐处。袖口用红花布镶边。腹部挂一块方形绣花围裙，扎宽幅白布腰带，用一条约5厘米宽的红、黄、绿、白、黑等色绣成的条纹带将腰带扎紧。条纹带两端有30厘米长的彩穗，垂于腰两侧，行走时，穗须飘动，彩色飞舞，异常美丽。

茶山瑶男子用绣有彩色纹样的长头巾缠头，穿无领对襟布扣黑布衣，束白布腰带，下穿黑布宽筒长裤。女子用三条不同色调的布带包头，扣紧头顶，再用3块各长约40厘米、宽约7厘米、重约0.25公斤，两头翘起似飞檐的银板戴在头上，雪白的布巾披在脑后。上身穿右衽无扣花边衣，衣缘、襟边、袖口均绣上以红为主的纹样，腰扎两端绣花、穿缀银珠和彩絮的腰带，下身穿长过膝盖

图 2-65　金秀盘瑶女子

图 2-66　金秀茶山瑶女子

图 2-67 金秀坳瑶女子

第二章 富有情趣的文化意境

图 2-68 金秀花篮瑶男女

的短裤，小腿着以制作精美的脚套。也有部分妇女下身穿长裤。

　　坳瑶男子头扎白布巾，身穿无领对襟黑布衣，束白色绣花腰带，下穿黑色长裤。女子用竹壳做成梯形的竹帽戴在头上，外边裹扎头巾作为装饰。上身穿黑布交领花衫，无扣，穿时先用白布带扎住，再以瑶锦带束紧。下身穿黑布短裤，小腿套脚套，以彩带束紧。

　　花蓝瑶妇女将长发梳为半边头，平眉线处将其倒挽于头顶，用银夹夹上，然后用黑布缠绕，形成前额开阔、下部宽大的布帽，将耳、眉毛都遮住。上身穿黑布无扣交领衣，长至臀部之下，束白布挑绣腰带，或以红、黄、青、橙、绿、黑、白色细纱编织腰带束身，胸襟对称镶 5 厘米宽绣花带，花纹细腻，纹样小巧清新，衣袖和衣脚分别刺绣 30 厘米和 8 厘米宽的图案纹样。下穿长到膝盖的短裤，小腿扎瑶锦绑带，外用彩色瑶锦带将绑带系紧，锦带两端的彩穗垂于小腿两侧，脚穿木屐。

　　山子瑶女子常在发髻上罩围箍，箍外包以瑶锦头帕，重叠四五层。穿黑色无扣右衽衣，衣领，襟缘以红、黄丝线织绣图案纹样，腰系彩色锦带，下穿黑色长裤。

　　贺州土瑶的服饰也很有特色，男子平时用七八条毛巾裹头，参加婚礼时，有的用 10 余条毛巾裹头。毛巾外面

图 2-69　金秀山子瑶女子

图 2-70　贺州土瑶

用 2.5 公斤丝线和珠串扎住，整个头饰重约 4 公斤。上身穿浅蓝色对襟短衣，长仅 40 厘米，左、右两胸前各安一个衣袋。隆冬季节或参加婚宴时，穿近 10 件上衣，一件一种颜色，相互衬托地显露于外，色彩鲜明，层次极为清楚。下穿宽筒长裤，裤头镶白布边，裤裆和裤头都很大，穿时用布带扎紧。女子多戴用油桐树树皮制作的圆形帽，根据各人头颅的大小，用树皮圈箍固定成型，在外圈垂直地涂上黄、绿相间的颜色，再涂以桐油，色泽油亮鲜艳。在圆筒似的帽顶上盖数条毛巾，毛巾上撒披红、黄、绿相间的彩色丝线串珠，串珠越多，说明其人越勤劳、富裕，也越显得美。节日或参加婚礼时，上面盖的毛巾多达 20 余条，丝线重约一二公斤，垂一二十串珠子，整个帽子重约三四公斤。上身穿青色或浅蓝色长袍，一直盖到脚面，类似旗袍，两侧开叉较高，两腿全露于外，无扣，以花布带束身。便装里面多不穿内衣与长裤，只穿短裤，天冷时就多穿几件长袍，脚径缠绑带。盛装时在长袍外套短衣，袍内穿长裤。在长袍后幅的腰部饰一宽数十厘米的瑶锦，锦下缀 8~10 串红色丝穗，将身后从腰部以下的长袍全遮住，远看分外艳丽。

桂平县瑶族男女都用长条彩带包头，层层叠叠地扎住头部，或圆或扁，或高或低，再配上多色花巾、彩带或丝穗，显得风度翩翩。一般说来，男子多包圆盘形，头顶用布盖住头发，然后用长条彩带盘头，在左耳上方的圆盘上伸出一节数厘米的彩带，末端缀穗，垂于肩上。穿对襟衣，系布纽扣，背上披两块重叠的方形黑色绣花披肩。20 世纪 70 年代后，披肩边缘改用红、黄、蓝三色布镶边，中间为织有瑶锦的黑布。腰扎三五条锦带，系黑色绣花围裙，裙带末端的丝穗垂于臀部左右两侧。穿长裤，缠绑腿。女子将头包为圆盘形或扇形，再在头上盖一块织绣得十分艳丽的瑶锦。除前额外，其余部位的瑶锦边缘全缀有红色彩穗，垂于左右两侧和脑后。也有的用布叠成板状帽顶，盖于圆盘上，上面再盖两条花毛巾，让毛巾的丝穗分别垂于左右两侧的耳旁。上身穿长到膝盖的无扣交领衣，襟边绣花，前胸缀上、中、下三排用红丝线和红、白、黑、蓝等色珠子串结而成的丝穗，身后也挂一串红丝穗，覆盖于披肩上，腰束 7 条锦带，腰前系绣花围裙，腰后系一条用数百条红丝线联成的腰裙。下穿宽筒裤，裤脚镶绣花布条。

都安、大化、巴马等地的布努瑶，男子头缠黑布带，两端绣瑶锦、缀彩穗。缠头时，让两端的彩穗分别垂于脑后左右两侧。上身穿无领对襟阔袖短衣，穿时左襟略

图 2-71　布努瑶

图 2-72　融水苗族女子盛装

盖过右襟寸余，下穿宽筒长裤。盛装时在衣裤的边缘镶、绣图案纹样。女子将发盘于头上，在发上插银钗、银簪等首饰，头顶竖一块银牌，再缠上绣花头帕，帕上挂银链，额前垂串珠。满头的串珠、银饰，像一朵盛开的菊花；上身穿长至肚脐的右衽衣，肚脐下系一条长约30厘米的百褶裙，下穿宽筒长裤，袖口、衣襟、裤脚均镶、绣花边。

苗族服饰在各地都有其特点，其中又以女装式样最多。这些差异的形成，除了历史的因素、各民族的影响不同、支系有别外，地理环境的不同所造成的差别也是一个重要的原因。桂北一带的苗族，一般住在山麓、河边或田坝旁，三五十户到上百户为一寨；桂中融水一带，多住在河边、田坝或山腰的梯田一侧，一般为几十户到百余户一村；桂西一带，多居住在高山上，每寨有十余户到数十户人家。由于各地苗族所处的地理环境不同，气候的冷暖不一样，经济生活也有差别，所以，各地苗族服饰在保持共同民族特征的基础上，又形成了地域差异，这种差异主要表现在衣、裙的长短，色彩的浓淡，图案纹样的风格和装饰部位的不同，银饰的多少和发髻的多样等方面。

在融水苗族自治县，男子头缠青布长巾，上穿直领对襟短衣，下着长裤。女子头包青布花边头巾，耳戴玉石或银制耳环，戴手镯。上穿无领无扣对襟短衣，衣襟、领边、袖口都镶苗锦或刺绣花边，束腰带，衣内挂一块上宽下尖的菱形胸围，下穿平膝短裤，外套百褶裙，小腿着青布脚套，以绿绸带系紧。县境杆洞、滚贝、白云、拱洞、四荣、安陲等地又别有不同。男子穿闪闪发亮的紫红色对襟短衣，衣上缝4个口袋，钉9~11颗布扣；下穿蓝黑色大裆宽脚长裤，裤头交叉插入绑带内。女子服饰用自己制作的亮布缝制，短衣长裙，衣的各部位都配饰花边和飘带。上衣对襟无扣，衣襟可交叉系紧，也可放开不系。挂一块菱形胸围，腹部围一块肚兜，用一条约5厘米宽的绸带系紧，剩余的绸带垂于裙子底部，俗称"燕子嘴"。下穿深蓝色百褶裙，裙长约50厘米，后幅略比前幅长5厘米，小腿套两端镶有花边的脚套，用一条约4厘米宽的绸带绑紧上端，绸带的两端垂于脚内侧，分外美丽。

隆林各族自治县境内居住着白苗、偏苗、红苗、花苗、清水苗、栽姜苗等不同支系的苗族，由于各支系居住区地理环境的不同，其在服饰上也有差异，这种差异主要表现为妇女服饰的不同。白苗妇女的头巾一般是白布为底，上面绣红、蓝、黑等纹饰。穿蓝色短上衣，用长巾

图 2-73 隆林偏苗

图 2-74 隆林红苗

束腰；下穿长到膝盖的白麻布裙。腰系长围裙，打脚绑。偏苗妇女包花头巾或黑头巾，上衣长齐腰，无领，右侧开襟。长裙到脚跟，裙中间处有一条 6 厘米宽的蜡染纹饰圈，花纹上饰有几条阑干，裙头蜡染或刺绣两条大花圈，十分漂亮。裙外系一条与长裙同样长的围裙。红苗妇女过去多包红头巾，现在多包蓝、白色头巾，巾长 1~2 米，为纯素色或绣花两种。上衣与白苗衣略同，颜色为白或蓝，但衣领稍大，后幅绣花纹，圆领侧开襟。裙子与白苗的一样长，分三节缝成，上层长约 10 厘米，为粗布，中

图 2-75　隆林花苗

层长约 30 厘米，涂蜡染花，下层长约 10 厘米，刺绣花纹，腰系长过膝下的围裙，小腿缠白布绑带。花苗妇女将头发扎如磨菇状，穿对襟长袖衣，胸前、背后、领口和两袖均锈各种彩色图案纹样，这些图案纹样，过去多用自己染制的各色蚕丝线刺绣，如今改用各色绒线或丝线锈。下穿浅蓝色麻布蜡染百褶裙，外系长围裙，扎绣花绑腿，从上到下，花团锦簇。清水苗妇女包黑头巾，上衣为天蓝色，侧开襟，前胸侧开扣处绣有 3 条彩色纹带，衣袖绣有 8 条不同颜色的花纹，直绕到胳膊上。裙子分为上、下两部分，上部长约 16 厘米，下部长约 30 厘米，绣横格子花边，腰间用黑布巾扎好。栽姜苗妇女装束大致同偏苗，但裙长拽地，盘髻于头顶，高起 8~10 厘米，如木椿状，故又名栽椿苗。其上衣领翻向两肩，两边滚五六厘米的白布。从头套下，内外两层，外层背后绣小方块图案，扎腰带，节日和结婚多穿这类服饰。平时穿黑衣和蜡染素裙，系黑围腰。男服由内、外两件套在一起，内长外短，腰系围腰。

三江侗族自治县境内的苗族因居住地域不同而穿戴也不同。女子一般从六七岁起开始蓄发，经常浣洗，挽髻于头顶，插一把木梳。上衣右衽无领，下穿百褶裙，三省坡一带的苗族女子，穿右衽大襟衣，铜扣，衣宽大，长过

图 2-76　隆林栽姜苗

图 2-77　三江侗族男子芦笙舞

膝，系腰带；下身穿裙或长裤，脚系滚花边绑带。草苗女子挽髻于后脑，包青色滚边头帕，帕角垂至两肩，上穿长到膝盖的紫红色或黑色右开襟衣，钉银扣或铜扣，袖口、衣襟镶花边，扎苗锦宽腰带，下穿百褶裙或长裤。

侗族服饰因受自然环境的影响，也存在地域差别，侗族多居住在山水秀丽的山区，村寨依山而建，人们聚族而居。在浓荫、清泉、禾苗的田园风光熏陶下，人们衣着素雅端庄，大方实用，给人一种干净明快的审美感受。广西侗族地区大多处于北纬 25°~30° 之间，境内山岭连绵，河流众多，有的处于盆地与河谷地区，有的处于山地和丘陵地带，不同的自然环境，形成了服饰文化上的不同风格。以男子为例，大多数侗族地区的男子穿对襟短衣，但侗族地区南部山区的男子则穿右衽无领短衣。在三江侗族自治县境内，侗族服饰文化的差别又主要表现为妇女服饰的不同。男子一般是包头帕，穿近似唐装的对襟短衣，下着宽筒便裤。妇女的服饰则表现出地域差别。良口和里一带的妇女，春冬季节多包对角白头巾，上穿无领无扣右衽青色衣，腹前系数厘米宽的布带，下穿便裤；夏秋季节将发挽为扁髻或盘髻，髻上插一把木梳和数支银簪，额头扎白布带，上穿无领无扣对襟青色衣，衬肚兜，下穿百褶裙，扎绑腿，穿绣花船形踏跟勾鞋。苗江、

图 2-78 三江侗族女子

图 2-79 隆林彝族

榕江一带的妇女，春冬包三角蜂窝白头巾，戴耳环，颈挂数个银颈圈，圈上缀银链，穿长到膝盖的右衽衣；夏秋穿花边对襟衣，围花肚兜，下穿百褶裙，扎花边绑腿，穿绣花船形踏跟勾鞋。

广西彝族主要分布在隆林各族自治县和那坡县境内，由于受到不同自然环境的影响，两地的彝族服饰也各有特色。隆林各族自治县德峨地区的彝族男子用一条3米多长、0.5米宽的黑头巾将头包成圆圈状，身穿黑色对襟短衣，下穿宽大的黑色唐装裤。妇女在头上围一块黑头巾，有的于头巾一端绣细花边，另一端缀丝线，平时穿宽大而长的唐装衣裤，多为黑色，也有蓝色、淡蓝色、绿色。节日的盛装为黑底滚蓝边或黑底滚绿边，并于袖口处滚3道边，中间一道长约6厘米，其余两道长约5厘米。老年人的衣服只滚前领和右手衣边，背后的领圈不滚；青年妇女和小孩则将衣领前后滚成圆形边。

那坡县者祥等地的彝族服饰均为白上衣、黑裤子。男子用方格或黑色头巾将头扎成圆圈形，穿右开襟低领上衣，袖较长，衣之左下角缝一个小袋子，胸正中缀有一块称之为"档花"的民族标志，图案为光芒四射的太阳。腰系白布带，穿黑色唐装裤，打三角黑布绑腿。妇女包裹黑布头巾，也有的在黑布头巾内包一条浅色方格巾。双耳挂银钏，颈挂数个银项圈和一条银链。上衣仅至肚脐，平领无扣对襟，内有一张绣花胸裙，遮住胸部与腹部。衣襟两侧系一用锡铸制的小花粒装饰的红底方格布，格中绣有纹饰。近袖口处缀有用小颗锡花装饰的图案。袖缘、领口滚黑边，胸襟上方靠近脖子处有4条用红、白、黑、蓝等色绣成的长彩带。双手分别戴数个银手镯。腰围一条8~10厘米宽的榆树皮做的椭圆形腰环，腰环表面用两条约2厘米宽的彩带装饰。未满18岁的少女和60岁以

图2-80　那坡彝族

上的老年妇女的腰环略窄。除了夜间睡觉，平时腰环都不离身。逢年过节，妇女们还将精心织绣的锦带包扎在腰环外，显得英武多姿。下穿平膝宽筒短裤，扎三角形黑布绑带。

第七节　雍容华丽的盛装

　　节日文化是民族文化的一个重要组成部分，它既包括各种约定俗成的节日聚会，也包括人们在节日期间的衣、食、住、行，以及宗教祭祀、文娱活动、纪念活动、社交活动等，是一个有机的综合文化体系，是展现一个民族的性格、心理特征、风俗习惯、伦理道德、文学艺术的文化之窗，内容十分丰富多彩。

　　节日，特别是民族传统节日，在广西各民族的生活中占有重要的地位，重视节日可以说是广西各民族历代皆然的风俗。这不仅因为民族传统节日同民族的经济生活、宗教信仰、社交活动、历史传统、文化娱乐等有着密切的联系，而且节日还有调节文化与生活的功能。节日对于漫长的一年来说虽然只是短暂的一瞬，它对人们的生活却是不可缺少和极为重要的，节日期间短暂的休息和娱乐，可以松弛和消除长时间的紧张与疲劳，打破旧的平衡，使平淡无奇的生活出现令人兴奋的波澜，使枯燥漫长的岁月增添诱人的生活情趣。假如生活中没有节日，人们会觉得生活平淡无味，死气沉沉。特别是广西地处边疆，历史上交通闭塞，经济落后，文化生活贫乏，为满足精神生活的需求，人们在紧张的劳动之余，都要安排一定的时间娱乐休息，以求得到短暂的轻松和愉快，久而久之，这些娱乐活动与风俗便成为节日。在节日中，各民族群众在按自己的民族习惯进行各种传统文化活动时，都十分注意自己的服饰，特别是妇女和青年人，都会脱下平日劳动时穿着的便装，换上新装和盛装，有的新装和盛装还是专门为节日而制作的。人们对节日的喜悦情趣，洋溢在这些新装和盛装上，人与服饰都融入了节日的喜庆气氛之中。这雍荣华丽的盛装与平日生产劳动的服装有着明显的区别。清人赵翼在镇安府（今德保县）做官时，就曾对壮族歌圩与服饰作过生动的描述：

图 2-81　苗族芦笙坡会

图 2-82　融水苗族女子节日盛装

阳春三月圩场好，

蛮女红装趁圩嬲；

长裙阔袖结束新，

花鞋闪闪花中飘。

　　数十年来，随着少数民族地区经济文化的发展，尽管不少青壮年平时的服饰已日趋时装化和现代化，但在节日期间，特别是在民族传统的节日和集会上，大多数人仍会穿本民族的传统服饰，否则便会受到舆论的非难。

　　服饰和节日的关系十分密切，一些民族甚至连节日的穿着都有一定之规。在隆林各族自治县农村，壮族服饰不仅比较完整地保留了传统的式样，而且对什么场合穿什么服饰都很有讲究。妇女的头巾有蓝、白、黑3种，黑头巾长约2米，一端织有网状的格子，末端有长约8厘米的垂线，缠头时从左向右绕二三层后转回左耳之上；蓝头巾长约0.6米，两端均用黄、红色花线滚边，无垂线；白头巾长约0.6米，两端织有宽约3厘米的黑色纹饰或方格图案，末端有垂线。白头巾和蓝头巾的缠法相同，将头巾盖在头上，把左边的一端向头上翻起，再把右边的一端翻上去盖住即可，极为简便。男子的头巾只有黑、白两种，式样、长短和妇女头巾相同，其缠头方法也大致一样，但缠头后留一端的尾线垂于左耳处，走路时垂线前后摆动，分外美观。男子上衣过去为右衽无领大襟衣，民国后改穿唐装。妇女穿短衣、短裙，上衣短而窄，长齐腰，仅能盖住裙头或裤头，右衽无扣，在右腋下襟边缝上黑、蓝、白三色布带代替纽扣系结。上衣分为白、蓝、黑三色，白衣和蓝衣的后颈处绣有一道约3厘米宽的花边，一直绕到胸前，外襟也镶一道约3厘米宽的白布或蓝布，如用白布镶，还要在布旁绣一道长约20厘米、宽约3厘米的花边。白衣和蓝衣的区别在于蓝衣的袖口、里襟、襟底都有一道约3厘米宽的红色或深蓝色或黄色的镶边布，而白衣没有。黑衣的制作更为讲究，镶边用黄绸缎为底，再用各色丝线在黄绸缎上绣出精美的图案纹样；袖口、衣襟底、衣缘、领口等处均镶黄、红、黑边。下身穿长至脚踝的宽筒长裤，长裤外套一条长至膝盖的百褶裙。其裙铺开如扇，穿上为裙，裙头用宽约 10 厘米的白布绉褶，白布边上镶一道宽约 10 厘米的红布或蓝布，在离裙脚约 3 厘米处织蓝色或黑色方形图案。裙头两侧各缝有两根长短不一的绣带作系裙用，带的末端有彩穗。系裙时，两根短带垂于身后，两根长带从腹前绕过身后，再回到前面系紧，垂于两腿前，颇为美观。其裙亦分黑、蓝、白三种，黑裙的裙头用红、黄色布镶边，裙脚无方格图案纹样；蓝裙、白裙的裙头没有红、黄两道绉褶镶边布，裙脚则绣方格图案纹样。习俗以黑为贵，视黑衣、黑裙、黑头巾为节日礼服，只有参加婚礼、做客、串亲戚、节日集会和冬天才穿，所以做工比较精致。白衣、白裙、白头巾为平时劳动穿着。蓝衣、蓝裙、蓝头巾则为在家和赶圩时穿。

　　龙胜各族自治县红瑶的盛装极有特点，红瑶这一称谓，就是因其妇女穿一件红色上衣而得名。其衣为无扣交领红花短衫，以锦带束身，衣脚左、右开叉。下身穿到膝盖的黑土布百褶裙，用白布带将黑色绑腿系紧。红瑶妇女每制作一件红花衣服，约要一年以上的时间，是中青

图2-83　隆林沙黎壮族女子服饰

图2-84　龙胜红瑶

图 2-85 三江侗族女子盛装

年妇女最珍贵的服装。逢节日和走亲访友时，穿上色彩斑斓的红衣，戴上银项圈、棱形龙头银手镯、戒指、耳环、银牌，显得绚丽多姿，楚楚动人。

　　三江侗族自治县的侗族妇女平时多穿紫蓝色对襟便服，衣、裙、围裙、绑带都不绣花。冬天穿开襟无领短衣，襟边与领口略镶绿绸衬饰，比较素净。节日盛装，上衣开胸对襟，左、右襟的衣脚及两侧、领口等处绣满花、鸟、鱼、虫等纹样，围兜上部中间绣一朵葵花，周围密绣各种山花纹样，再加苗锦及绸缎配制而成的方形图案，整个构图异常美丽。下身穿蜡染百褶裙，扎苗锦绑腿，头插银花簪，颈挂银颈圈，身佩银链、银铃、银牙签，手戴戒指、手镯，脚穿绣花鞋，周身银光闪闪，配上花衣绣裙，衣饰相映，上下争辉。每逢节日喜庆，成群结队的姑娘穿上节日盛装，相互媲美争艳。

三江侗族自治县的侗族男子，平时多穿对襟短衣，下穿宽筒便裤，装束朴素简洁。节日盛装却十分奇异，男子参加芦笙踩堂舞时穿的盛装，头围银片，上插鸡尾，上身穿侗锦、鸡毛吊球花裙。该县程阳花炮会上的侗族男子武士装，身穿青衣白裤，裹绑腿，头围白头巾，捆腰带，颈佩银颈圈，手戴银镯、戒指，腰悬火葫芦，肩扛乌统，显得格外英武。

毛南族喜欢用蓝靛染的蓝色和青色面料制作服饰，很少用黄色和白色，只有孝服才用白色，故民间有忌穿白色服饰串门的习俗。男子平时穿右开襟上衣，钉5颗铜扣，衣服口袋缝在右衣襟里，不外露。下穿宽筒长裤，劳动时扎三角脚绑。节日喜庆时穿盛装，包长约2米的黑头巾，头巾一端有布须，包时露出头顶。走路时，布须随人体有节奏地抖动，形如小羊角，故称羊角巾。束2米多长的黑布腰带，两端用红、绿、黄、蓝、白绒线镶成锯齿形的布须，束腰时让两头的布须外露。脚穿白底黑面布鞋。赴宴做客的长者要穿长衫，外面套黑布铜扣的"马蹬衣"，

图 2-86　三江侗族男子盛装

图 2-87　环江毛南族女子编花竹帽

衣背下面开长约 10 厘米的口子，衣袖像马蹄形。妇女穿镶有三道黑色花边的右开襟上衣，滚边裤子。黑色花边有大、小之分，大条花边费工少，缝制容易，是平时在家和劳动时穿的便装。小条花边小如筷条，有的甚至只有火柴梗一样大，缝制手工精细，穿起来显得精致美观，是赶圩、走亲戚和节日时穿的盛装。盛装时的妇女还要缠头巾，发髻插银簪或玉簪，衣襟挂银牌，手戴银镯或玉镯，脚穿绣花鞋，头戴精致的"花竹帽"，显得分外俊美。特别是未婚姑娘，节日期间，更是盛装打扮会情郎，正如毛南族民歌所唱：

月亮清清，

照妹系围裙，

妹系新裙给郎看，

细布蓝茵茵，

丝绣五彩艳，

滚边簇簇新，

芙蓉配鸳鸯，

穿上妹身郎欢心。

京族现在平时所穿服饰已与当地汉族大致相同，但在

图 2-88　京族女子

节庆期间，仍有不少人穿本民族传统服饰。男子上衣窄袖祖胸平膝，束腰带，下穿长而宽的裤子。女子穿窄袖紧身无领对襟衣，内挂一块菱形遮胸布，下穿长而宽的黑色或褐色裤子。外出做客时，还加穿窄袖白色长外衣，形如旗袍。

第三章　散发乡土气息的服饰工艺

第一节　原生态的染料

　　人类对色彩的认识，和周围环境各种色彩斑斓的物质及自然现象有十分密切的关系。古代的岭南，气候湿热，雨量充沛，满山遍野都是五颜六色的花草。广西少数民族先民在外出进行采集、狩猎和农耕活动时，整天在山上和花草丛中转，一些花、草、果、茎、叶、枝的液汁被无意中涂抹到人体或衣服上，出现各种斑斓的色彩，时间长了，人们就知道什么花草、枝叶、果汁可染出什么

图 3-1　白裤瑶粘膏树

颜色了。于是，当人们需要某种颜色时，便到山上去找相应颜色的花、果、叶等植物，采用揉汁入染、榨汁入染、煮汁入染等方法，将植物的色汁抹于织物上，达到染色的目的。

广西原始社会的染色情况，古代文献记载和出土实物都极少。从现在的考古资料来看，广西少数民族很早就有颜色能够增加制造物美感的知识。在桂林市甑皮岩新石器时代遗址中，有相当部分人的骨殖表面都有赤铁矿红色粉末，在桂南的横县西津遗址、武鸣改造、南宁豹子头等贝丘遗址中都有类似现象。大约到了西周时期，广西少数民族先民就已知道使用刀或针等锐器在人体上刻画花纹符号，然后涂上颜色，使之永久保留。这种文身的习俗，既是图腾崇拜的反映，也体现了广西少数民族对染料的认识。

据有关专家的研究，人类最早使用的染料是矿物质颜料，后来，又选用了天然的植物染料。于是，原野上那些红、黄、紫、蓝的野花，以及它们那绿色的叶片，都成了人类选用的对象。起初，人们只是把这些花、叶揉搓成浆状，用来描绘。后来，人们逐渐知道用温水浸渍的办法来提取植物染料，选用的对象也扩大到植物的枝条、皮、根茎等。经过长期的反复实践和探索，人们又发现蓝草可

图 3-2 黑衣壮妇女采集蓝草

染蓝色，茜草可染红色，紫草可染紫色等，并对一些野生植物培植成功，开辟了人工种植染料的道路，从而增强了服饰的色彩感，美化了人和生活，使人类本身和视觉世界变得五光十色，鲜艳夺目。

从民族学调查资料来看，广西各民族的染料大多以原生态的植物为主，民间染色工艺大致可分为树汁染、靛染、蜡染、扎染、糯米染等。

树汁染是广西民族传统印染方法之一，主要流行于广西大苗山的苗族和南丹县一带的白裤瑶地区。树汁染和蜡染有许多相似之处，但又有其独特的风格，从整个工艺过程来看，树汁染似乎比蜡染更为原始古朴。

　　每年入秋之后，大苗山的苗族便用刀将枫树皮砍破，待树汁流尽后，将树皮剥下，连同树汁与杀牛时留下的牛油一同煮沸，使牛油和树汁混合成为浓液，然后将浓液中的树皮和渣滓去掉，让其冷却形成灰褐色的胶状。染时将枫树牛油浆放入一小锅或碗中，加热溶化为液，削竹片为针，用竹针蘸枫树牛油液在白布上绘制图案纹样。然后将布放入蓝靛液中浸染数次，直到染成苗族所喜爱的发紫红色光泽为止。除浆后，就是一件蓝、白分明的浆染制品。

　　南丹县白裤瑶的树汁染也主要用树浆作染料。当地生长一种俗称"粘膏"的树木，白裤瑶群众用刀将树皮砍破，让树汁流入碗中。将树汁拿回家，和蜂蜡及牛油一同煮沸，使其混合成为浓液。使用时，用自制的铁质染刀蘸煮制过的浓液在白布上描绘图案纹样，然后将布放入蓝靛水中浸染，由于树汁、牛油、蜂蜡的保护，绘有图案纹样的地方未被蓝靛染色。用稻秆烧灰煮水，滤去草灰，将布投入灰水中，树汁、牛油、蜂蜡遇热溶化，浮于水面，用勺舀出留下次用。将布从灰水中取出，便成为蓝、黑、白分明的树汁染制品，用作服饰面料。

　　靛染，又称蓝靛浆染，是广西民族传统染色方法之一。靛染的主要染料是蓝靛膏，以蓝草叶发酵而成。蓝草，

图 3-3　南丹白裤瑶采粘膏树汁

图 3-4　那坡黑衣壮妇女浸泡蓝靛

又称蓼蓝、蓼草，属蓼科，一年生草本。原为野生，后培育成功，可人工种植。居住在山区的壮、瑶、苗、侗等民族，迄今为止，仍有不少人家种有蓝草。每年八九月，待蓝草长到一定的高度时，便将蓝草的枝、叶割回，放入专制的蓝靛坑或木桶内加水浸泡，让其充分发酵。十余天后，待枝、叶全部腐烂，坑中或桶中的水变成深蓝色，发出蓝靛香味时，便将残渣捞起，将蓝靛水过滤干净。用稻草灰滤取适量的碱水，配适量的石灰粉一同放入坑中或桶中，用木棍不断地搅动，直到水面浮起大量的绿色

图3-5　那坡黑衣壮妇女将浸泡好的蓝靛布捞出

泡沫时，就用芭蕉叶等物密封坑面或桶面。数日后，待石灰、稻灰碱水与蓝靛充分化合沉淀时，便可揭开坑面或桶面的覆盖物，将坑中或桶中的水全部舀出倒掉，将凝固于坑底的蓝靛膏捞起，装入竹篓或竹箕中，留待浆染时作染料。

广西各民族服饰的布料大多经蓝靛染制。先将蓝靛膏和清水按一定的比例放入桶中，再放入数百克自酿的糯米酒，便为染料。每天要用木棍在水中搅动一次，数日后，待桶中的水呈现黄色时，便将布料放入桶中染制。每日浸泡二三小时，然后拿出来晾至半干，又再次浸泡染制。每次浸泡前，都要用木棍在桶中搅动，不让蓝靛膏沉淀于桶底。如此反复浸染多次，直到染制出所需的颜色为止。

苗、侗等民族靛染"亮布"的过程更为复杂而有民族特点。苗、侗等民族靛染"亮布"时，将布染色后，即把布料卷好，放入饭甑中蒸一二个小时，然后取出来晾干，放入蓝靛缸中浸染，再取出来晾干，如此多次反复浸染后，再染上薯莨或牛血，待其变成紫红色时，取出放到平滑的石板上轻轻捶打数次，然后用鸡毛蘸取适量的鸡蛋清涂在布上，一边捶打，一边加鸡蛋清。捶打越多，亮度越大，最后捶打成泛发紫色光泽的"亮布"。这种"亮布"不仅耐脏，而且不易起皱，整个布面色泽均匀，紫光闪闪，鲜艳夺目，是制作民族传统服饰的最佳布料。

蜡染也是广西民族传统印染方法之一。蜡染，古代称"蜡缬"，即用蜡液防染的一种印染方法。其基本特点是利用蜡液作防染原料，使织物纤维不被染液浸入，蜡去花现。蜡染虽然一般只有蓝、白两种颜色，但由于巧妙地运用了点、线和疏、密的结合，整个构图色调饱满，层次丰富，生动朴实，突出地表现了蜡染艺术简洁明快的特点，具有浓郁的民族风格。

广西少数民族何时开始使用蜡染？由于史料缺乏，很难做出确切的回答。但到宋代时，广西壮族的"青斑布"、

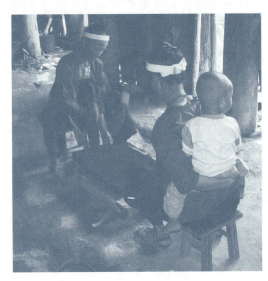

图 3-6 侗族捶亮布

瑶族的"瑶斑布"、苗族的"点蜡幔"等蜡染纺织品在全国都已很有名气，其中又以"瑶斑布"最负盛名。由此看来，早在宋代之前，广西少数民族就已知道蜡染。这种印染工艺有它独到之处，是其他印染工艺所不能代替的，因而深受广西少数民族所喜爱。唐宋之后曾盛行一时的蜡染工艺在全国其他地区日渐衰落，相继失传，但在广西少数民族地区，蜡染一直在流行，并成为服饰的印染工艺之一。

现在，广西少数民族的民间蜡染方法，多是将白布平铺于桌上、案上或木板上，置蜂蜡于小锅，加温溶解为液体，用竹（或木）与铁片制蜡刀，以蜡刀蘸蜡液，直接在布上描绘各种图案纹样。整个绘制过程，虽不用直尺，也不用圆规，但所描绘的线条、方、圆等，工整对称，花鸟鱼虫，惟妙惟肖。将蓝靛和白酒配制成染料，放入缸中，再把绘有图案纹样的布料投入染缸，待布浸透蓝靛后，便将其取出，放到阳光下晾晒干后，再放入清水中煮沸，待布上的蜡全部溶化后，取出晾干即可。在蜡染过程中，凡用蜡液描绘过的地方，由于蜡液的保护，没有被蓝靛染上颜色；未上蜡液的地方，则被染上蓝靛色。同时，由于蜡染的原故，蜡液在布上流动形成自然龟裂现象，经煮沸后，在布上留下一种人工无法描绘的冰花，使蜡染产生一种特殊的艺术效果，令人赞叹不已。即使所描绘的图案纹

图 3-7　隆林苗族"点蜡幔"

图 3-8　苗族蜡染布

样相同，出自同一绘画人之手，但由于蜡染过程中自然龟
裂时所形成的冰花不同，画面也显得千变万化。

　　如果想在同一图案纹样上获得深、浅两种不同颜色的
效果，可先描绘好纹样，浸染成浅蓝，待干后在保留浅
蓝的部位涂上蜡，然后再放入染缸浸染成深蓝，煮去蜡
质，即得深、浅两种颜色。如果需要制作彩色蜡染，可先
在布的彩色部位染上杨梅叶汁（红色）或白蜡皮树叶汁和
黄橘子（黄色），再涂上蜡，然后放入染缸，依次浸染，
便可得到色彩斑斓的蜡染。这种蜡染色彩对比鲜明，如锦
似绣，十分艳丽。

　　扎染，又称扎缬、撮缬和绞缬，是广西少数民族传统

图 3-9　苗族扎染布

印染方法之一。扎染是在布上用针、线有意识地进行扎、缝、缀、串、捆等多种技法，使染织物按设计的纹样重叠、合并、串联起来，结扎成团，放入蓝靛缸中，待布浸透蓝靛后，拿出来解开结扎的线，用水漂洗晾干。因用线结扎的部位比其他部位紧实，染液不能正常浸透，二者之间产生色彩差异，形成深浅不一、对比强烈的色彩。结扎部位大多形成圆形、方形、螺旋形等抽象纹样，其纹样四周经缝、扎而自然形成由深而浅的浓淡效果，色调柔和，层次丰富，特别是自然天成的无层次色晕，更使扎染增添姿彩，具有极好的艺术效果和感染力。多用于头巾、衣、裤等。

糯米染是龙州县壮族特有的印染方法之一。先把糯米舂成细粉末，煮成糊状。将白布放在木板上，用竹篾蘸糯米糊在布上描绘图案纹样，然后将绘好图案纹样的布料放入蓝靛缸中浸染，待布浸透蓝靛后取出晾晒干。再用稻草烧灰煮水，用灰水将布上的糯米糊洗掉，绘制的纹样便显露出来。在印染过程中，凡用糯米糊描绘过的地方，因糯米糊的防染作用而未染上蓝靛色，形成白色的纹样。未用糯米糊涂过的地方，则被染上蓝靛色。糯米染工艺和蜡染工艺很相似，但其图案纹样的色调比蜡染显得柔和，主要用于衣服和挂包。

第二节　刺绣与挑花

　　广西少数民族刺绣相传起源于秦汉时期。明代，随着社会经济的发展，广西少数民族刺绣得到了进一步的提高，清代时达到鼎盛。

　　刺绣是在布料上用彩色棉、丝线绣出各种图案纹样。广西少数民族刺绣大致上可分为针绣（又称平绣）和剪纸贴绣（又称凸绣）。针绣是先在色布上描绘好要绣的纹样，然后用彩色丝线或彩色纱线刺绣各种图案纹样。剪纸贴绣

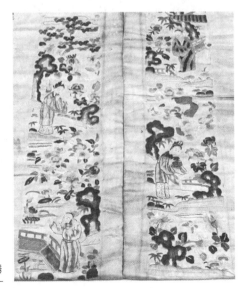

图 3-10　清代桂北汉族刺绣

是把要绣的纹样先用纸剪出纸样，然后贴在色布或绸缎上，用平针、齐针、扎针、滚针等针法依样绣成。相对来说，剪纸贴绣比平绣在民间更为流行。

广西少数民族刺绣图案造型简练，生动活泼。少数民族妇女根据自己的意趣与审美观念，将各种自然物进行大胆地夸张、变形，巧妙地将各种动与静的形体有机地组合在一起，让具体的自然形与抽象的几何形相结合，平绣与布贴结合，蜡染和刺绣结合，使整个画面生动自然，形体优美，构图丰满。

民族不同，造型也各异。一般说来，壮族的刺绣图案

图3-11　剪纸

图 3-12　清代桂北壮族布贴、刺绣图案纹样

多偏于自然形，瑶族刺绣主要倾向于抽象的几何形，而苗族刺绣则多喜在自然形中加几何形。

广西少数民族的刺绣一般是在一块块小几何形的色布上刺绣纹样，然后再镶拼制成一幅图案。妇女们外出劳动或出门访友都可以将刺绣物携带于身，抽空随时随地都可以拿出来绣。刺绣这种不受场地限制、制作方便的特点，也是它能在民间广泛流传、久盛不衰的一个重要原因。

广西少数民族刺绣工艺的使用范围十分广泛，从服饰的头巾、帽、衣、裙、裤、鞋、腰带、背包、烟袋、香囊等，到背带、被面、门帘、枕套，都有刺绣工艺。在众

图 3-13 南丹白裤瑶刺绣

图 3-14 壮族绣球

多的刺绣服饰用品中，壮族的刺绣不仅十分精美，而且蕴含丰富的文化内涵。绣球是壮族民间的传统吉祥物，多以红、黄、绿三色做底，有6、8、12瓣之分，每瓣上都绣有飞龙、舞凤、春燕或梅、兰、菊、竹，以及"幸福吉祥""五谷丰登"等汉字。绣球的上端系有一便于投掷的彩带，下端系一束丝穗。掷球于空中，绣球带着彩带、彩穗凌空飞舞，宛如一道彩色流星划破星空。

绣球原为壮族男女青年的定情信物。在歌圩中，男女青年除了对唱山歌、倚歌择偶外，还以抛绣球表达爱意。抛绣球，壮族民间亦称"飞砣"，早在唐代就在壮族歌圩上流行。在壮族地区，男女青年经对歌生情后，姑娘就会将精心绣制的绣球抛向心爱的小伙子，小伙子接到绣球后，如亦有意，就会在绣球上系上赠物，再抛给姑娘。赠物越多，表示小伙子的心情越迫切。正如壮族民歌所唱：

> 五彩绣球鲜又鲜，
>
> 千针万线妹手连，
>
> 哥接绣球胸前挂，
>
> 条条线把妹心牵。

挑花属于刺绣的一种，又称"挑织""挑绣""十字绣

图 3-15　瑶族挑花

花""十字挑花"。广西少数民族的挑花具有悠久的历史，其中又以瑶、苗等民族的挑花最为精美别致。

　　广西各民族的挑花多是利用布料的经纬线，采取十字绣法挑出纹样。瑶、苗等族妇女挑花别具一格，不用事先在布上描绘图案纹样，全凭挑绣者的聪明才智和想象力，根据本民族的风俗习惯、审美观念和实用需要，心灵手巧地在自织土布的经纬线交织处，用彩色丝线一针一线地从中心向四方挑绣出各种十分工整对称、色彩和谐、寓意纯朴、形象逼真的图案纹样。瑶、苗族的挑花，不仅能正面起花，还精于在布的反面挑花，用各种彩色丝线在布背面随手起针，挑绣各种图案纹样。挑好后，布的正面不仅能同样显示出一幅绚丽多彩的美丽图案，而且纹样十分洁净。

挑花的方法很多，其中最常见的是十字挑花。一般说来，挑花图案的纹样都受到十字针脚的限制，必须严格按照布的经纬线交织点施针，因此造型必须概括、简练，使形体"几何化"。其针法排列不同，可以产生不同的装饰效果。有的在密集的十字针脚中适当空针，即可显示实地空花图案；有的用近似网绣的方法，取得精致细密的效果，甚至取得正反两面都是完整而美丽的图案。总之，十字挑花施针如笔，或方或圆，或线或面，或疏或密，

图 3-16 挑花纹饰

都可运用自如。

挑花图案题材十分广泛，花卉、鸟兽、蝴蝶、鱼虫、文字等，无所不有。构图形式多种多样，随意而变，十分灵活。一般是在织物中间挑绣大型团花，在四角、边沿挑绣精致的角花、边花，中心图案多为八角形、菱形、十字形、四方形的叠套变化，边花图案多为二方连续组合，细密紧凑，变化多端。

挑花最突出的实用特点在于结实、耐磨、经洗，所以一般都装饰在服饰最易磨损的围腰、领口、袖沿、衣脚、腰带、脚绑、头巾等处，既可增强服饰易磨损处的牢度，又能给人以美的享受。

第三节　享誉中外的织锦

　　织锦是广西民族民间最有代表性的工艺品，也是广西各民族在服饰上的装饰工艺之一。广西民族民间织锦一般用棉线染上各种色彩，或用买回的彩色丝线为纬，以原色棉线为经，交织而成。

　　据《后汉书·南蛮西南夷列传》记载，汉代瑶、苗诸族先民已会织五彩斑斓的"斑布"。考古发掘资料亦证实，贵县（今贵港）罗泊湾汉墓九号殉葬坑内出土的黑底橘红色回纹锦残片是用麻线与丝线织成的广西本地锦。明清时期，织锦在广西民间普遍流行，工艺越来越精巧，并被大量用于服饰之中，"凡衣、裙、巾、被之属，莫不取五色绒以织布……"[1]

　　广西各民族社会历史发展进程不一，生产力发展水平、风俗习惯、宗教信仰、审美观念都有差异，所以，各民族的织锦工艺都有自己的特色和风格。特别是壮锦，因其用料独特而具有浓郁的民族特色，与纯丝线织成的宋锦（苏州）、蜀锦（四川）、云锦（南京）一起，被誉

---

[1] （清）张祥河：《粤西笔述》。

为中国四大名锦。

　　壮锦用丝绒和棉线交织而成，以棉线作经，丝绒作
纬，经线为原色，纬线用五彩色线织入起花，在织物的
正面和背面形成对称纹样，并将地组织完全覆盖，增加
厚度。长期以来，壮锦一直以其做工精致、色彩绚丽、图
案别致、结实耐用而驰名。它不仅是壮族传统服饰用品，
而且寄托了壮族人民对美好生活的憧憬和追求。

　　在各地壮族中，都有许多关于壮锦起源的美好动人的
故事传说。

图3-17　壮锦

图3-18　壮族织锦

　　流传于忻城、柳江、宜州一带的《一幅壮锦》说，古时候有位勤劳的壮族织布妇女妲布，她用自己的血汗和泪水织成了一幅绚丽斑斓、华美无比的壮锦，后来不幸被大风刮走。妲布的第三个儿子不畏艰难险阻，爬山涉水，冲破道道难关，终于来到天上，取回壮锦。最后，壮锦上的美景变成了现实，附近村寨的人们从此得以过着幸福的生活。

　　壮族民间传说则说，壮家姑娘达尼从小聪明伶俐，能织善绣。她从不肯照别人的老样子织，日夜琢磨，想方设法要把布织得更美，但始终没有找到一个令人满意的方

图 3-19　壮锦纹样

法。一天早上，她到棉花地里去整枝，无意中看到棉枝上挂着一张蜘蛛网，上面凝聚着一颗颗晶莹的露珠，被初升的朝阳照耀得金光闪闪、五彩灿然。达尼被这美景感动了，跑回家里，把所见之景和感悟之情全织在锦上。织啊，织啊，竟织成一幅瑰丽的壮锦。消息传开，附近村寨的妇女都赶来向达尼学习，从此壮锦就流行起来了。

　　勤劳智慧的壮族妇女，始终把气象万千的大自然作为创作的源泉，她们将大自然的花、鸟、鱼、虫，莽莽群山，潺潺流水，经过加工提炼，组成各种美丽大方的壮锦图案纹样，以表达她们对美好生活的憧憬和追求。其传统纹样多为回纹、水纹、云雷纹等，既有花、鸟、鱼、虫、兽、万字等图案纹样，又有凤穿牡丹、双龙戏珠、狮子滚球、鱼跃龙门、孔雀闹梅等寓意深远的吉祥图案，充分反映了壮族妇女的聪明智慧。

瑶锦以棉作经，彩丝作纬，采用通经断纬的方法织锦。瑶族世代居住于深山峻岭中，受自然环境的熏陶，图案纹样多以方形、菱形、三角形等几何纹样作对称式、水波状、二方连续、四方连续排列，组成象征性图案，韵律感强。

苗锦用经线作底，纬线起花，采用通经断纬的方法织造。经线多用自纺的白色棉线，纬线则用适合于图案纹样的各色绒线或丝线起花，故所织之锦正面有花，背面无

图 3-20　金秀花篮瑶织锦

花。图案结构主要有二方连续和四方连续。二方连续，苗族民间俗称"大花锦"，用长、短直线和曲线以及点、线、面构成二方连续骨架，在骨架内织小型几何纹样，骨架外织上人字斜纹或齿状纹；骨架内是主花，骨架外是次花或角花，主次分明，构图活泼，具有强烈的节奏感。四方连续，苗族民间俗称"小花锦"，用斜着排列的菱形或六角形几何纹样构成四方连续骨架，在骨架内织自然纹样，空隙处点缀些小角花，整个构图显得丰富、严谨、大方。

侗锦分为黑白锦和彩锦。黑白锦以黑色或蓝色棉纱为经，白色棉纱为纬，用土制织机将深、浅二色棉纱互相

图 3-21　融水苗族织锦

图 3-22　三江侗族织黑白锦

垂直交织出两面互为阴阳效果的直线几何纹样，正面是以黑花或蓝花为主的深色调，反面是以白花为主的浅色调，这种两面互为阴阳效果的独特风格，是其他民族织锦所罕见的。黑白锦又有大花锦与小花锦之分，小花锦多以几何纹样组成四方连续结构，但图案纹样较为简单，变化不大，没有主次之分。大花锦是清末民初时在小花锦的的基础上发展起来的，它保持了小花锦的四方连续结构，但图案纹样变化多端，主次异常分明。大花锦很少留大块底花，在图案纹样交接的空隙处，常用白棉纱织一行行的小白点，填满整个空隙，远看则变成锦面的灰色部分，形成黑白灰三个色调，使锦面色彩更为丰富协调。同时，由于纬线较粗，纹样浮出底面成半浮雕式，加上锦面又有小面积的深色凸出，从而使整幅锦显得清新厚重，这也是大花锦特有的工艺特色。侗族彩锦则用彩色丝线相互交织，以几何纹样构成二方连续结构，图案精细艳丽。

第四节　边角碎布拼布贴

广西少数民族布贴是用各种不同颜色的边角碎布剪拼成各种图案纹样，贴于服饰的底布上，再用扣针将边缘锁牢，针脚细密，扣锁作连续状，形成一道美丽的轮廓线。除了在布贴的边缘扣锁外，在布贴上的纹样，如花蕊、花瓣、叶脉、枝叶、藤蔓或动物的头、眼、翅、脚等处，又常运用其他不同的刺绣针法进行细部加工，以增加装饰性和牢固性。常用于服饰的帽、胸襟、袖口、鞋

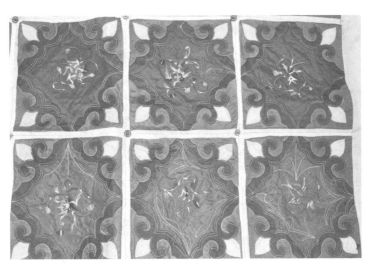

图3-23　布贴

面等显眼之处。

　　布贴图案常喜用浅色布为底，黑布做纹样；或以黑布做底，多色布做纹样。无论是采用哪一种方法，其图案结构都简练明快，深厚古朴；造型夸张生动，装饰味浓；色彩丰富鲜明，对比强烈。

第五节 琳琅满目的首饰

广西各民族都有佩带首饰的习俗。这些首饰，有佩戴于头上的，也有佩戴于臂上、指上、脚上的，既有头簪、头钗、耳环、项圈，也有手镯、戒指、脚钏、胸牌等。从材料上看，这些首饰有的用动物的角、骨、牙、羽毛或贝壳等制作；有的用木、竹、花、草等制作；而绝大多数的首饰则用金、银、铜、铁、玉等制作，近年来，亦有部分人用塑料、陶瓷等制作。总之，广西各民族首饰十分丰富多彩。

最初的首饰多是一些花草植物和动物的羽毛、角、骨等。古代的岭南，到处是举目可见，随手可取的花草、果实、藤蔓、树木等植物，这些千姿百态、五彩缤纷的植物成了人类最廉价、最方便、最惹人喜爱的饰物。

阳春三月，桂西地区到处山花烂漫，一些爱美的壮族姑娘去赶歌圩时，喜采一些山花插于头上，聚会于鲜花盛开的山野对歌谈情，整个歌圩成为鲜花和山歌的海洋。岭南夏长冬短，酷暑难熬，壮家姑娘喜摘玉兰花插于衣襟或别于发际，既可美化人体，还可散发出一种淡雅的清香，沁人心肺。

古代广西少数民族常以羽毛、竹、木等为饰。在广西出土的贵县罗泊湾铜鼓和西林普驮铜鼓中，都有羽人舞蹈的图案纹样。图案纹样中人物以羽为冠，顶饰蓑毛，身着连衣舞裳，手舞足蹈。据侗族民间传说，古时候侗族祖先没有衣穿，人们捕获鸟后，看到它的羽毛很漂亮，就把它用来做衣服。侗族现在穿的百鸟衣，就是从古时候的羽毛衣演变来的。侗族民间流传的《芦笙祭词》也唱道：

<blockquote>
讲到侗人的祖先，

红色衣袖，
</blockquote>

图3-24 侗族百鸟衣

黄色衣角，

男人雉羽插头，

女人花兜遮胸……

　　清代的文献古籍中，也有广西少数民族以竹、木为饰的记载。直到现在，贺州一带的瑶族妇女仍用油桐树皮制作帽子戴于头上；金秀一带的坳瑶妇女，仍以竹壳为帽；三江一带的侗族男子盛装，仍有插野鸡尾毛的习俗，在壮、瑶等族中，也仍存在着给小孩佩带兽角、兽骨、兽

图 3-25 《皇清职贡图》竹箭瑶

图3-26　贺州土瑶女子

图3-27　金秀坳瑶女子

图 3-28　巴马东山瑶族服饰配饰

牙的习俗。据说这些动物的骨、牙、角等饰物每一片都
来之不易，都是每一个饰物拥有者本人或家中的亲人猎
获成果的纪念，有的饰物甚至记载着一个惊险动人的故
事。过去，桂西北壮族村寨的少女常喜爱上山采摘一种当
地俗称"芦谷米"的野生薏苡，将其穿为一串，挂于颈
上。这种野生的薏苡不仅颗粒均匀，而且表面泛起一层
银灰色的光泽，佩之于身，展露出一种特有的山野情调，
十分漂亮。部分山区瑶族妇女还把它同其他颜色的珠串、

银币、彩色丝穗等饰物相配悬挂于身，红、黄、蓝、银，相映生辉，别有一番风韵。

随着社会生产力发展水平的提高，人们生产出来的东西越来越丰富，社会生产、生活方式的改变以及人们审美观念的进步，佩带野兽骨、爪、牙和草木的习俗便逐渐被佩带玉、铜、金、银等习俗所取代。

玉器是广西各民族常佩带的装饰品。早在西周时期，广西少数民族先民便已知道使用玉器来装饰人体。在武鸣县马头元龙坡的300多座西周墓葬中，绝大部分墓葬都有玉饰品陪葬，主要有玉雕、玉扣、玉管、玉环、玉片、玉玦等，据有关专家考证，这些玉器都是人体的装饰品。从民族学调查资料看，广西各民族现在佩带的玉器多为玉镯、玉玦等。民间艺人善于运用玉石的不同天然形状、纹理和色泽，因材施艺，琢磨制成精巧的手镯、玉玦、玉佩等，表现出很高的技艺水平。

从现有的资料看，广西少数民族先民在西周时就已开始使用金属作人体装饰。在武鸣马头元龙坡西周墓葬中，考古工作者在244号墓中共出土了3件铜铃，由钩环连接在一起。上端为一椭圆形铜环，铜环下端连着1个三叉极铜钩，3个铜钩的叉枝上又各自连着1个与上端铜环一样大小的椭圆形铜环，3个铜环下面各自连着1个铜铃。

3个铜铃大小相同，呈椭圆形，上有环钮，底部做成鱼尾状。铜铃的下面还有难以数计的微型玉片串连在一起，估计是铜铃的坠穗装饰。铜铃出土时位于尸骨的胸部，应是死者生前悬挂于胸前的装饰。此外，还在其他墓葬中发现单件铜铃，出土时位于尸骨的手部或足部，应是死者生前佩带于手腕或脚腕上的饰物。除铜铃外，铜钱也常被用作饰物。清人傅恒的《皇清职贡图》和谢启昆的《广西通志》中都有广西壮、瑶、苗等民族以铜钱为饰物的记载。部分地区的瑶族至今仍有以铜钱为饰的习俗。在一些边远山区，少数民族中的巫师在驱鬼祭神时，仍在胸前悬挂环铃，手执单个铜铃。田林一带的盘瑶妇女外出时，常手

图3-29　瑶族服饰上的铜钱配饰

持铜铃，走路时叮当作响，既有驱邪禳灾之功，又能引起人们的注意，激起人的欢愉之感。

银饰是广西各民族佩戴最多、最有民族特点的饰物。各民族佩戴的银饰种类繁多，各有特色，既精巧美观，又别有情趣，为各民族的服饰增色不少，同时也是各民族传统服饰的重要组成部分之一。广西各民族的银饰主要装饰在妇女身上，其中尤以壮、瑶、苗、侗等民族的银饰最为精美别致，富有民族特色。

壮族过去盛行佩戴银饰，妇女们常佩戴的银饰有银簪、银针、银钗、银圈、银帽、耳环、银链、项圈、银排、银锁、手镯、戒指等。过去，大新县一带的妇女两手

图 3-30 苗族银饰盛装

戴十多个戒指，颈挂 4 个项圈；桂北一带，妇女们戴的项链、项圈有时达 9 个之多。时至今日，仍有不少妇女佩戴银针、戒指等。这些银饰，有的打制成栩栩如生的动物，呼之欲出；有的打制成秀丽多姿的自然景象，令人爱不释手；有的打制成各种几何纹样，古色古香，引起人们的遐想；有的打制成吉祥如意的汉字，意在避凶呈祥……纹饰既有浮雕式的，也有透雕式的或圆雕式的，造型立体感强，具有浓郁的民族风格和地方特色。

瑶族男女都喜佩戴银饰，特别是妇女佩戴的银饰，比男子更为普遍和多样化。男子常佩戴的银饰有手镯、手钏、戒指、烟盒、银链、吊牌等。女子常佩戴的银饰为银簪、银针、银帽、耳环、颈圈、银叉、银牌、银链、手镯、银铃等。每逢节日，姑娘们头上、颈上、手上、胸前、背后全是银饰，整个打扮显得豪华富丽。其中又以手镯式样较为丰富，既有空心的、实心的，也有圆柱形的、六棱形的、泡花的；有的打成一指宽的薄片，上有花草、藤蔓；有的打成一根藤蔓，上有小枝缠绕；有的则打成数根藤蔓相缠。特别是泡花手镯，精雕细刻，造型美丽，花样新颖，实为上乘工艺佳品。

苗族银饰以妇女佩戴为多，最精美的银饰主要集中在青年妇女，尤其是未婚姑娘的身上。姑娘盛装打扮时，全身佩

图 3-31　巴马瑶族盛装中的银饰

图 3-32　苗族盛装中的银饰

戴几十种银饰，重达 5~10 公斤，周身银光闪闪。妇女常佩戴的银饰有银针、银花、戒指、手镯、针筒、银链、项圈、凤尾头钗、脚圈、银泡、银牙签、银蝴蝶等。纹饰主要有鸟兽、花卉、人物等，制作精巧，构图严谨，纹样古朴而富有民族特色，具有很高的艺术价值。其银饰大致可分为粗、细两大类，粗的如实心手镯、实心项圈、扣环项链、实心脚圈等，一般用银较多，不求精工细作；细的如银花、银泡、银锁、银索、泡花空心项圈、泡花空心手镯等，虽用银较少，但精雕细琢，工艺十分讲究，制作这类银饰费工大，有的要经过数十次程序的加工，如制银索，要将银块打制成细如头发的银丝，然后将数十根银丝编织成呈"人"字形的六棱银索；制作龙凤头钗等，要在体积不大的银条上雕龙刻凤，工艺更为复杂精巧。

侗族佩戴银饰，以多为美、以重为贵。侗族民间习俗认为，无银不成衣，一个人服饰银饰的多少，是其财富多少、地位高低的标志之一。在家庭财产的继承上，男子可以分田分地，而银子则分给女儿。侗族耶歌《耶见本》也唱道：

父母养育儿女一样爱，

都当手板手背来看待。

手背手心都是肉，

父母买得银饰让你来佩戴，

父母财产男女都有份，

男分得田女分得银钱，

……

　　年轻姑娘的盛装，除了脚之外，凡是能佩戴银饰的地方全都戴上。没有银饰的姑娘，不仅自己认为不美，甚至连父母亲也觉得低人一等。所以，家有未嫁女儿，父母亲再穷，省吃俭用也要买几件银饰来打扮姑娘，其银饰主要有项链、项圈、手镯、戒指、耳环、银花、银梳、银冠、银簪等。其中，最大最重的要算项圈和银冠，三江侗族自治县妇女挂的银项圈，大的重达四五公斤，从颈脖挂到腰部。而做工最精致的要数银花，在体积较小的银片上做出的造型栩栩如生，花朵争相吐艳，蝴蝶、小鸟展翅若飞，花纹凸出，还有富有立体感的浮雕银饰。

图 3-33　侗族盛装中的银饰

第六节 脱不下的绣花衣

　　古代广西民族，特别是壮侗语诸族的先民，曾盛行纹身习俗。纹身，又称文身，就是用刀、针等锐器在人体上刺花纹、符号，涂上颜色，使之永久保存。这些色彩斑斓的花纹、符号，从装饰在人体的那一刻起，就成为覆盖在人体上的一件永远脱不下的绣花衣。

　　秦汉时期，生活在广西的壮侗语诸族先民曾盛行"被发文身""文身断发""剪发文身"，壮族民间创世史诗《布伯》亦说，其先民为繁衍后代，亦曾有纹面之俗。直到现在，仍有个别地方的部分壮族保留纹身习俗。文化人类学的专家认为，古人纹身的目的：一是为了装饰美观，二是为了某些巫术的需要，三是作为民族部落或社会等级的识别标志。它同人类那件可以脱下的服饰一样，用自己特有的方式、方法来表达了许多不为人知的文化内涵，诉说着不同时代人们的生活信念。

第四章 五彩斑斓的色彩

第一节　服饰的灵魂

　　色彩就是生命，一个没有色彩的世界，在人们的眼中就像死一般的沉寂。广西龙胜红瑶传说，其先民刚到龙胜定居时，到处是高山密林，他们所穿的黑土布衣裳虽然与经济生活较协调，耐脏，但太单调了。后来看到别的民族穿花衣裳，特别是每天看到冉冉上升的红太阳，心里感到十分舒服，觉得很美，于是把自己的衣裳绣得红彤彤的，觉得很美丽，就世代传承下来。

图4-1　龙胜红瑶长鼓舞

图 4-2　隆林红头苗放牛

　　色彩、款式和质地是构成服饰的三要素。在这三者之中，色彩是最活跃、最醒目、最敏感的，色彩是服饰的第一感觉印象，是服饰的灵魂。一般来说，人们对服饰的审美程序是：只有在服饰色彩符合要求的前提下，才去考虑服饰的款式和质地。因为色彩有极强的装饰功能，可以把服饰点缀得更漂亮、更美观，可以使人赏心悦目，可以美化生活。侗族服饰很讲究色彩，如果穿白布衣裳外出，就会被人耻笑，说这个人真笨，没有本事，连布也不会染。所以，人们制作衣裳时，都要将白布精心染制成闪闪发光的亮布，只有穿亮布制作的服饰出门，才觉得有面子。未婚女子外出，更是花帽、花衣、花鞋，色彩缤纷。民间习俗认为，穿得越漂亮，就越受人欢迎。不讲究服饰色彩的人，是被人瞧不起的。

图 4-3　侗族女子盛装

第二节　艳丽淡雅各不同

　　自古以来，世界上各个民族由于民族文化的差异，在色彩的选择上，都有自己的喜好和禁忌，艳丽淡雅，各有千秋。如壮、汉、瑶等民族一般以红色为吉祥，喜庆婚嫁，过年节，都用红色，以图红火热闹，象征吉祥。新郎、新娘佩戴红花、红腰带，新娘的盖头巾用红布，家中神龛用红纸书写，婴孩满岁吃红蛋……总之，喜庆之事都离不开红色。而白色则多用于丧事和灾难，家中有人不

图 4-4　富川平地瑶新娘盛装

图4-5 那坡白彝

幸遇难，丧家亲属必须披麻戴孝，穿白布孝服；前来吊唁的亲朋好友，系白布于手臂；死者装棺入殓，必须身穿一件白色寿衣。节日喜庆皆以白色为忌。而回族却崇尚白色，服饰均用白布制作。男子喜戴白帽，穿双襟白衬衣、下穿长裤。妇女头戴盖头或白帽，穿大襟衣，青年妇女喜在衣上镶色、滚边，有的还在胸襟处绣花，下穿裤。整个装束干净清新，文雅庄重。

广西彝族因对颜色的爱好不同而有"白彝"和"黑彝"的他称。那坡县彝族视白色为族群的标志，本族群男女的传统服饰，特别是上衣，必须用白布制作，然后再

图 4-6　黑彝男子盛装

在上面挑花、刺绣。男女情人互送信物，以白为佳，如白衣裳、白鞋、白银饰；农历三月赶风流街，后生家送白沙糖给姑娘，姑娘回赠白糯饭；乔迁之喜，姑妈送一匹白布庆贺，以示清白、吉祥。隆林、西林等地彝族以黑为贵，喜穿黑土布衣裤。年节期间，宾客临门，主人双手沾锅底烟灰抹于客人脸上，以示祝福，男女青年互抹黑脸，以表爱意。

又如图案纹样，广西少数民族图案纹样的色彩繁简不一，简者数色，色彩鲜明强烈；繁者十余色，色彩丰富而不乱，层次分明，给人繁缛瑰丽之感。有的典雅清秀，有的鲜艳瑰丽，各有其旋律。壮、瑶等民族一般喜用红、黄、橙等对比强烈的暖色调，显得富贵艳丽，绚丽多姿；毛南、侗、水等民族爱用黑、蓝、白等淡雅、明快的冷色调，显得高雅素静。再如服饰中的织锦、壮锦多用重彩，对比强烈，其主要色彩为红、黄、蓝、绿等，以红色为主色调，充满热烈、活跃的气氛；以绿色作烘托，红、绿二色的交融，给人以有力、可靠的感觉；再配以黄、蓝色调，使整个锦面显得丰富艳丽，典雅富贵，具有浓艳粗犷的风格。瑶锦多以大红、桃红、橙黄等暖色调

图4-7 那坡苗族织锦

做主色，间以绿、白、紫等色，色彩鲜艳强烈，古艳厚重，斑斓富丽。苗锦喜用黑色丝线作图案纹样的骨架，配以桃红、粉绿、青紫、湖蓝等色丝线相间交错而织，鲜艳多彩，从而取得满地生辉之效果。用苗族民间艺人的话说："以黑色为骨架，图案清晰雅致，经久耐用，即使其他的颜色变了，黑色仍然清楚地保持着织锦的骨架线条。"这是苗锦在色彩运用上的独到之处，在实际运用中，还有一定的规矩和次序。一般是红配绿或蓝，青莲配绿或天蓝，黄、绿间用，同类色间隔用，这些明快的色彩给黑色骨架线一压，就显得艳而不跳，华而不俗，具有稳重敦厚之感。侗锦用色不求繁缛富丽，色彩多用黑、蓝、白等冷色调，青年人喜欢在白底上起花，老年人爱在蓝底上起花，色调素净古朴，色彩反映不强烈，即使是彩锦，也多用浅色调色线织绣，显得淡雅清秀。

第三节　农耕渔猎也入色

　　色彩和人类经济生活的关系是十分密切的。人们长期居住在一个地方，这一地区的山川、河流、树林、土地等都成为人们利用的对象。人们在利用这些自然资源进行经济文化活动时，势必受到自然环境的熏陶和制约。广西少数民族大多以农为本，多居农村，近山傍水，农作于田间山野，大自然的秀丽风光和经济生活对服饰的色彩影响很大。生活在山区的壮、瑶族，往往喜欢用蓝黑色或

图 4-8　黑衣壮

黑色布制作服饰。历史上，不少文献资料都记载说，壮族服饰尚黑。那坡县壮族，因崇尚黑色，至今服饰从头到脚仍用黑色或蓝黑色布缝制，故称"黑衣壮"。居住在深山中的瑶族也多用蓝靛染制的蓝黑色土布制作服饰。这种尚黑的习俗，和他们的经济生活有着密切的关系。历史上，这些居住在山区的壮、瑶族，多从事刀耕火种的山地农业，在砍山烧荒的过程中，整个耕作区到处都是灰烬和烧过的黑土，穿黑色和蓝黑色的服饰进行生产劳动，比穿其他颜色的服饰耐脏。此外，由于粗放经营的刀耕火种的经济生活还不能满足人们的生活需求，狩猎在经济生活中仍占有一定的比重，而黑色的服饰不鲜明显眼，是狩猎过程中隐蔽自己的保护色。由于黑色的服饰对他们的经济生活比较适合，因此人们对黑色有一种实用的偏爱，从而产生特殊的感情，形成尚黑的习俗。而生活在平坝地区的壮、侗、仫佬、水等民族，情况又有不同。他们多以青色或蓝色布缝制服饰，这和他们长期生活在青山绿水之中，主要从事农田稻作的经济生活有关。这部分人的居住区大多是山清水秀之乡，清清的溪水，嫩绿的禾苗，翠绿的群山，蓝天绿水，都给人们的思想打下深深的烙印，使人们对青色、蓝色产生偏爱，形成崇尚青、蓝色的习俗。以水族为例，水族在服饰上禁忌红色和黄色，从

图 4-9　南丹水族妇女

图 4-10　南丹壮族蓝布衣

不用大红、大黄等热色调，而喜欢蓝、青等冷色调。青年男子多包青布头巾，穿青或蓝色大襟衣，或穿青色、蓝色对襟便服，束腰带，下穿宽筒裤。老年人穿青色或蓝色无领布扣长衫。妇女包青布头帕，穿浅蓝色大襟宽袖衣，胸部、袖口、坎肩均滚青布花边，穿靛青色长裤或裙，裙多褶纹，膝下滚花边，扎绑腿，系青色绣花围裙，脚穿翘尖鞋或绣花鞋。整个打扮清淡素雅，朴实大方，既与她们生活的绿色自然环境和谐一致，又给人一种干净明快的审美享受。仫佬族的传统服饰基本上用自织自染的青色土布制作，故史籍上记载说，仫佬人"服色尚青"。男

图 4-11　仫佬族女子服饰

图 4-12　南丹中堡苗族女子

子多穿对襟上衣，着长裤，老年男子则穿琵琶襟上衣。妇女多穿大襟上衣，穿长裤，老年妇女包头帕，腰系青色围裙，系带用黑白相间的棉线织成几何图案，裙边有抽纱拧线编成网状的花纹，色泽匀称，精致美观。

　　不仅不同民族对色彩的喜好不同，就是在同一民族内部，由于受到地理环境和经济文化的影响不同，对色彩的喜好也是不同的。以苗族为例，明清时期，汉族文人就曾根据各地苗族服饰色彩的差别，将其分为"红苗""花苗""白苗""黑苗"，这种分法对今人仍有一定的影响。这种以服饰色彩来划分民族支系的做法虽然不科学，但也从一个侧面反映了各地苗族对服饰色彩的大致喜好。一般说来，"红苗"多以红布为底，图案纹样装饰面大时则以同类色线组成，纹样边框辅以对比色线；图案纹样装饰面小时则以白、黄等对比色组成；或是以其他色布为底，以红线为主色调绣成图案纹样。"花苗"的底布色可随意，但使用多种色线构图，图案纹样鲜艳夺目，五彩缤纷。"白苗"以白布为底，用灰黑、蓝等冷色调的色线，配以朱红、粉红线组成构图，图案纹样淡雅素净。"青苗"以青布为底，用灰、黄、白等色线组成图案纹样。"黑苗"多用蓝黑色布为底，用少量白、黄等色线组成图案纹样。

第四节　浓妆淡抹总相宜

　　广西各民族妇女通过对不同色彩的搭配，对不同年龄人的服饰使用不同的色彩，色彩的冷暖因人而异，既美又协调。她们对服饰色彩的运用，就如一个高级的美容师为人化妆，浓妆淡抹总相宜。

　　一般说来，广西少数民族服饰布料的使用不存在十分悬殊的色彩区别，居住在同一地区的民族，其民族内部制作服饰布料的色彩基本一致，不存在不同年龄的人选

图4-13　南丹中堡苗族女子

用不同色彩的布制作服饰的情况。这主要可能是因为过去广西的染织水平比较低，大多数家庭都依靠蓝靛为染料来染制布匹、服饰。直到 20 世纪 50 年代后，随着机织布取代土布，才出现不同年龄的人选用不同颜色的布制作服饰的情况。但在服饰图案纹样的装饰上，不同年龄的人对色彩的追求就大不相同了。青年人爱用暖色调，多以红、黄、橙等热色线构成纹样，用色艳丽，对比性强；老年人爱用冷色调，多以白、蓝、黑、紫等寒色线构成纹样，用色素净、温和；中年人则爱用冷暖相间的色彩。

瑶族服饰很讲究色彩美感，服饰图案纹样多用大红、橙红等暖色调。但不同年龄的人，色彩又有不同，青年女子的服饰多以大红、橙黄配以青、黄、白、蓝等色挑花、刺绣，图案纹样活泼艳丽，美观大方，表现出青年人朝气蓬勃、如花似锦的美姿；中年妇女多以白、深蓝、淡黄、粉等色配大红、橙黄挑花、刺绣，显得素雅端庄；老年妇女则以深蓝、黑、白、紫等色配大红、橙黄挑花、刺绣，显得庄重典雅，雍容华贵。服饰色彩依年龄的增长从鲜艳活泼的暖色调向淡雅素静的冷色调变化。

龙胜红瑶妇女随着年龄的增长，服饰色彩也由红逐渐变黑，未婚姑娘的上衣全部用鲜红色的丝线刺绣，艳丽火红；中年妇女的上衣一半用红丝线，一半用黑丝线，

图 4-14 融水瑶族老年妇女

图 4-15 龙胜红瑶老年妇女

图4-16 金秀茶山瑶女子

相互搭配刺绣，黑中透红，秀美质朴；老年妇女穿黑布上衣，仅在袖口或衣缘略绣花边，沉着庄重。

　　大瑶山茶山瑶喜用丝带装饰服饰，既可用作头巾、腰带，又可作绑腿、脚套等，青年人的丝带以红色为基本色调，配以绿、白、粉、黄、蓝等色，艳丽斑斓；中年人以蓝、白、粉三色为基本色，配以黄色刺绣，素净淡雅；老年人用蓝、白色为基本色调，配以紫、黑色，显得庄重典雅。丝带色彩随年龄的增长由活泼醒目的红、黄色向素净淡雅的蓝黑色变化。

第五节　色彩三六九

　　色彩是服饰中最活跃、最醒目的元素，它能让人一目了然地把容易混淆的对象清楚地区分开来，所以，用色彩来标明人的身份，区别尊卑贵贱，便成为古代色彩文化的一个重要内容。宋代之后，庶民的服饰多为白色、黑色或蓝色。

　　直到清代末年，在广西一些尚未改土归流的土州，土

图4-17　那坡黑衣壮男子

官仍规定其属下土民的服饰只能用蓝、黑二色，违者严惩。在全茗、茗盈、下雷、安平、太平等土州（均在今大新县境内）境内，土官明令土民只许穿蓝、黑二色服饰，不得穿白色和花色的服饰。清代末年，下雷土州那项屯土民傅工穿一件白色上衣到下雷赶圩，被土官官族子弟遇见，即命其脱下拿走。光绪二十七年（1901），安平土官李德普出巡到堪圩乡地板屯时，见土民黄辉廷穿一双白袜子，即破口大骂土民："你居然敢穿白袜子，知道犯了罪吗？"并命人将黄拉去毒打一顿，罚款 5 贯钱，才放回家。封建色彩等级制之森严，由此可见一斑。

图4-18　南丹月里壮族女子

第五章

神秘吉祥的图案纹样

第一节　寸图生情

　　图案纹样是服饰的一个重要装饰手段，为本来平淡无奇的服饰绘上彩虹，铺开云锦，裁出花草，泛起涟漪，把服饰装饰得富贵华丽，让服饰美的神韵充分地显示出来。即使是一个小小的图案纹样，不论它被装饰在服饰的哪一个部位，广西各民族妇女在制作的过程中都会倾注自己的聪明才智和审美情趣，以表达自己的情感和一定的民族文化内涵。每个图案纹样都有自己的主题、情调和风格，甚至还有一个古老的民间传说，正所谓"寸图之中，寓意无穷"。广西民族服饰中的每一个图案纹样都不是孤立存在的，它像历史文化长河中的千年之舟，负载和积淀着广西各民族几千年所形成的灿烂文化，有的甚至可能是至今仍未破解的充满原始神秘色彩的文化信息和符号，透过一个个图案纹样，可以逐渐洞察到广西各民族历史上所创造的灿烂文化。所以，广西各民族妇女在制作服饰时，都要匠心设计图案纹样，以美化服饰和人以及人的生活，让人们在美的生活中潜移默化地陶冶自己的性情，净化自己的心灵。人们创造了图案纹样，但图案纹样也美化了人。

　　广西各民族服饰多以单色布料为底进行裁缝，再以彩色丝、绒线在布上织绣图案纹样为装饰。这些图案纹样大多织绣于服饰上最引人注目的部位和最易磨损的部位，既增强了服饰的耐磨性，起到保护的作用；又增加了服饰的美观性，起到装饰的作用，从而达到实用性和装饰性的有机统一。

　　广西各民族服饰图案纹样的题材内容十分丰富，花草树木、行云流水、鸟兽鱼虫，无所不有。这些图案纹样随着被装饰物的部位的不同和用不同的工艺手段（如挑花、刺绣、织锦等）制作而各具匠心，千变万化，极富感染力。

图5-1　隆林苗族妇女盛装

图 5-2　仫佬族背带刺绣图案纹样

　　图案纹样可以美化服饰，把人的外表打扮得更漂亮，从而烘托出女性的秀丽、男性的健美，使人在精神上获得美的享受；同时，图案纹样本身就是一种情感符号，它汇集了一个民族的传统文化和地域文化，蕴藏着约定俗成的涵义，表达了一个民族特定的生活情操和审美观念。

　　从目前所见到的资料来看，广西少数民族服饰图案纹样大多是从现实生活与自然界中吸取素材。宇宙间的万物都蕴涵着不同的图案形式，漂浮的云彩，起伏的山峦，茫茫的原野，潺潺的流水，艳丽的花朵，嫩绿的小草，以及飞禽走兽，日月星辰，无一不在展示着它们内在的生命力和外在的形式美。少数民族妇女通过对周围世界这些自然物的长期细致观察，然后加以丰富的想象和巧妙的构思，有选择地将现实生活中丰富多彩的自然物按自己的思想情感和需要，简化为几何纹样、自然纹样和动植物纹样，装饰在服饰上。这些形式多样、制作精美、色彩瑰丽、具有民族风格和乡土气息的图案纹样，生动地体现了广西少数民族的生活情感和聪明才智，反映了广西少数民族对生活与大自然的热爱。

　　广西各民族服饰中的图案纹样是作为一种装饰方式而

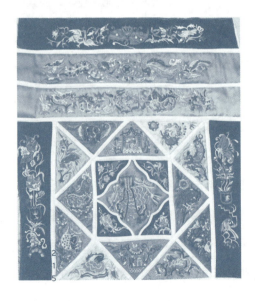

图 5-3　天峨壮族背带图案纹样

出现的，所以，它在题材内容、构图形式、色彩诸方面都注意结合民族审美观念和民族趣味爱好，注重神韵的表现和意境的创造。诚然，作为自然物来说，它本身具有一种内在的生命力和外在的形式美，但各民族妇女在制作服饰的图案纹样时，往往不满足于对自然物的模仿，她们为了满足自己的精神需要，为了表达自己的理想愿望，为了追求更高的意境和美的享受，总是要对自然物进行创造性的艺术加工，选择自然物中最真实、简洁、精美、生动的部分，通过自己丰富的想象和巧妙的构思，按照美的形式规律，在写实的基础上，通过高度的艺术提炼、概括、夸张、变化而成为具有民族风格的图案纹样，从而使其比自然物更美、更典型、更理想，进而达到主、客观的高度完美统一。这些经过高度凝练的纹样，物化了广西各民族的美好愿望和理想，融入了广西各民族的炽热感情和审美情趣，使它具有一种质朴的艺术魅力，给人以一种美的享受，引起人们心理上的共鸣。如广西少数民族服饰中常见的花、鸟、鱼等纹样，它们都是自然界中常见的动、植物，但服饰中所见的这些纹样往往比现实生活中的动、植物更自由、更美丽、更富于幻想、更具有强烈的艺术魅力。

　　以龙、凤纹样为例。这是一种根据想象由各种动物综

图 5-4　壮族刺绣鱼纹样

图 5-5　壮族刺绣中的龙凤纹样

合而形成，象征某种神威和寓意吉祥的纹样，几千年来，一直深为各族人民所喜爱。唐宋时期，龙逐渐成为中原地区皇帝服饰上的特有装饰纹样，构图张牙舞爪，威武腾空，令人望而生畏。而地处边疆的广西少数民族，不仅敢犯"龙颜"，在服饰用品上织绣龙纹样，而且风格别致，姿态万千，有的头部像雄狮般的威武，有的如慈祥的老人；两条长须，既有龙的形象特征，又如两根蔓生的枝藤；卷曲的躯体竟用花草组成，造型既简洁、朴实，又活泼可爱，富有生活情趣。这和中原地区的封建统治者把"龙"作为权力和神圣的标志是截然不同的。在苗族服

图 5-6　壮族刺绣图案纹样

饰中，龙的纹样不仅雅拙天真，憨态可掬，而且形象变化万千，既有水牛龙、鱼龙、鱼尾龙、水龙，又有蚕龙、叶龙、盘龙等，和人与自然十分亲近，与张牙舞爪、威武腾空、象征皇权的"龙"大为不同。凤也是广西少数民族服饰用品上常见的纹样，它概括了孔雀、锦鸡、公鸡的部分特征，并选择了它们中最精美、生动的部分进行构思、变形，所以服饰纹样中的凤是完全理想化了的艺术形象，成为公鸡头、锦鸡身、孔雀尾；有的省略了双足，有的夸张头部，有的强调动态；有的将双翅画于胸前，有的让它生于两侧，有的则把它绣于头上。整个构图活泼可爱，栩栩如生。山区的少数民族妇女常生活在鸟语花香的生态环境中，小鸟不仅是她们快乐生活的伴侣，而且小鸟自由快乐的生活也引起她们对美好生活的幢憬，她们通过对小鸟的观察、体验、提炼，并加入自己的丰富想象，通过夸张、变形等手法，创造出千姿百态的鸟纹样，有的比翼双飞，有的背靠背像吵架，有的窃窃私语，有的昂首啼鸣，形象极为生动，充满了天真烂漫的童稚之趣。这种真实与夸张的统一，现实和理想的统一，使整个图案纹样既有古朴稚拙之处，又有新鲜活泼之感，显得生气勃勃，充分体现了广西少数民族对美好生活的追求和向往。

第二节　纹样无尽意无穷

图案纹样是工艺美术的语言之一，它反映了人的智慧和技巧，表达了人的理想和愿望，体现了人的追求与向往。广西各民族服饰图案纹样的创作者都是植根于现实生活的劳动者，他们热爱生活，热爱艺术，但又不把艺术作为谋生的手段。他们绘制图案纹样的目的，是为了建立自己的理想世界，是在为生活创造美好的形象。虽然他们各自都有着不同的人生经历和生活的艰辛，但他们对人生和生活都寄予满腔的热情，都对未来充满希望。

图 5-7　壮族刺绣福禄寿吉祥纹样

所以，广西民族服饰图案大多喜用美丽的、诗情的、吉祥的、充满生机的题材，或象征对幸福美好生活的追求，或含趋吉避凶之意，其情感内容所反映的多是人类健康的、积极向上的东西；热爱家乡、热爱生活、歌颂正义、歌颂勤劳始终是其主题，很少出现伤痕和眼泪，充分体现了广西各民族群众对生活坚定乐观的信念。这种坚定乐观的信念，是由他们那自给自足的小农经济所带来的物质生活与精神生活的平衡性决定的。小农经济虽是一种落后的经济形态，但每个家庭基本上都能自给自足，不需要经过太多的社会交换也能生活下去。在这种生产力发展水平的制约下，人们很容易满足于现状，能猎取一只动物就是极大的快乐，能饱吃一餐就是最大的幸福，"人畜兴旺""五谷丰登"，则是一般人家的最终追求。虽然他们的生活艰苦，但他们心目中的这种幸福的理想并不是无望的，而是现实的、直观的、可望实现的。所以，即使是在艰难困苦的岁月里，他们从来也没有丧失过对美好理想的追求与向往，始终洋溢着乐观、开朗的希望，摒弃悲愤绝望的表现，以积极、乐观的态度对待未来。他们托物寄情，借物寓意，将自己内心的意念和理想倾注入服饰图案纹样之中，使这种物化了人的美好愿望和理想的吉祥纹样终于成为服饰图案纹样的主题，成为民间普

图 5-8　连年有余

遍流行的题材。它寓意于图案纹样之中，化抽象为具体，将各民族群众追求幸福、自由、爱情等抽象的涵义，用人们熟悉喜爱的具体题材表现出来。这些图案纹样涉及面广，花卉、草木、鱼虫、鸟、鸡、蝙蝠、蝴蝶、石榴、狗、兔等，无所不用；内容极为广泛，寓意丰富深刻，有的象征自由、幸福、爱情，有的寓意长寿、多子、吉祥、平安。它们意趣横生，别有深意，唤起了人们对美好生活的无限憧憬，使人获得一种美的享受。这种理想化、拟人化的吉祥图案纹样常用谐音、象征等艺术手法表现其寓意。

　　谐音。以图案纹样的谐音来表达吉祥的含义。如"三阳开泰"，用三只羊仰望太阳构成图案，羊与阳谐音，开泰即交好运，寓意幸运。"五福捧寿"，用五只蝙蝠围绕一个寿字构成图案，蝠与福谐音，寓意富贵长寿。"连年有余"，用一个婴孩、一条鲤鱼、一朵莲花构成图案，连与莲谐音，余与鱼谐音，寓意生活富裕。"喜上眉梢"，用喜鹊与梅花构成图案，眉与梅谐音，寓意喜讯即将到来。类似的谐音吉祥图案还有"六合同春""金玉满堂"等。

象征。用图案纹样来暗喻美好的事物。如"四合如意"，用四个云卷状的如意头构成图案，四合象征四方，寓意事事如意。"四季花香"，用梅花、牡丹、月季、菊花构成图案，象征一年四季鲜花盛开，生活美满。"鸳鸯戏水"，用一对鸳鸯与一池清水构成图案，象征夫妻恩爱。类似的象征吉祥图案纹样还有"梅兰竹菊""四季平安"等。

谐音和象征结合这种图案纹样，在表现手法上两者兼而有之。如"万事如意"，用两只如意和万字格底纹构成图案，万字格寓意万事，如意原来是菩萨手持的佛具，象征吉祥如意，表示万事称心如意。"多福多寿"，用佛手、石榴、寿桃构成图案，佛与福谐音，石榴象征多子，寿桃象征长寿，表示多子、多福、多寿。类似的图案纹样还有"福寿双全"等。

图 5-9　鸳鸯戏水纹样

图 5-10　福禄寿喜纹样

第三节　大千世界都成纹

　　广西民族服饰中的图案纹样千姿百态，几乎自然界中的花卉草木、飞禽走兽、行云流水，以及想象中的龙凤麒麟，都有涉及。究竟共有多少种纹样，很难做出精确的统计。按其表现题材来看，主要有几何纹样、植物纹样、动物纹样、自然形态纹样、人物纹样等，而应用最多的是几何纹样、植物纹样和动物纹样。

　　壮族服饰图案纹样喜用几何纹样和动、植物纹样为构图主题，造型生动强健，栩栩如生，写实性强。瑶族服饰图案纹样多以山、树、草、花等自然物纹样、动植物纹样和几何纹样为构图主题，善于用简练生动的手法来表现自然现象，造型富于变化。苗、侗等民族服饰图案纹样喜用各种直线和曲线组成的几何纹样来摹拟和构成他们所看到的事物，构图简洁明快。这是因为不同的自然环境、生产方式和生活方式，可以陶冶出不同的民族气质、性格和心理，从而造成民族文化的差异。图案纹样作为民族文化的一个组成部分，它的形成和发展，从始至终都和本地区、本民族的发展有着密切的、细腻的联系，都必须和本地区、本民族的社会生产、宗教、道德、风俗习惯、审美观念等统一协调，融为一体，否则，它就不能在本民族中普遍流行。各民族自然环境、生产方式、生活方式等不同，最终形成了各民族的文化风格，从而使广西民族服饰图案纹样出现万紫千红的繁荣景象。

广西民族服饰图案纹样极为丰富，就是在同一民族内部，因受自然环境和毗邻民族的影响不同，也有差异。对同一民族而言，居住在平地和平坝地区，与汉族和其他先进民族交往较多，经济文化比较发达的支系，其服饰图案纹样往往比较丰富、繁缛而抽象；居住在高山上，平时和汉族以及其他民族交往得较少，经济文化发展相

图 5-11　三江侗族刺绣图案纹样

对缓慢的支系，其服饰图案纹样则往往比较简洁、古朴而具象。

从图案结构形式看，广西民族服饰图案纹样大致可分为三种：有的让几何纹样充当主体纹样，以绚丽多变的植物纹样作陪衬，构图主次分明；有的以动植物纹样充当主体纹样，以丰富多彩的几何纹样组成纹带，让几何纹样起到烘托、美化主体纹样的作用；有的则全是几何纹样，用各种不同的几何纹样穿插组合，使整个构图协

图5-12　南丹壮族背带刺绣纹样

图 5-13　广西瑶族刺绣几何纹样

调一致，给人以繁缛瑰丽之感。

　　广西民族服饰图案纹样中的几何纹样形式变化多样，特点显著，造型丰富生动，是服饰图案纹样中运用最多、最有民族特色的纹样。服饰中的几何纹样古往今来为许多民族所共有，但其组合、搭配及装饰的部位如不相同，所表达的含义也就不一样。以瑶族为例，其服饰中的几何纹样在结构上有一定的规矩，这类纹样由于使用的历史悠久，具有较复杂的含义，以至于不能随意改变。南丹县白裤瑶妇女夏衣背面的几何纹样，用现代人的眼光来看只是一种美的装饰，并无具体的含义。但在那遥远的年代，这幅图案纹样却蕴藏着十分重要的内容与涵义。它记述了白裤瑶先民的苦难历程，反映了白裤瑶人民对祖先的怀念，表达了他们追求自由、民主和幸福的愿望。这一纹样因具有如此重要的含义，从而成为白裤瑶民众所共同崇拜、遵守、不得任意改变的神圣标志。

广西民族服饰图案中的几何纹样常见的主要有雷纹、云纹、水波纹、回形纹、万字纹、圆圈纹、羽状纹、锯齿纹等，其图案结构多是二方连续和四方连续。这些几何纹样都是以简单的点、线、面，以及正方形、三角形、圆形、菱形为基本要素构成的，通过点、线、面的移动构成各种不同的轨迹。

第六章 情趣盎然的文化功能

第一节　衣以护体

衣以护体不仅是服饰赖以存在的基础，而且是服饰制作的基本前提。所以，服饰的制作必须符合人体结构，必须要"量体裁衣"，要让人穿着舒适，便于活动。同时，服饰还要适应季节变化和劳动需要。

广西少数民族妇女以勤劳、爱美而著称，在家庭中，她们操劳家务、农活，里里外外是一把好手，但无论是平日劳动的便装，还是节日的盛装，妇女们都喜欢在裙

图 6-1　京族女子

图6-2 黑衣壮

外或裤外系一条绣花围裙，既可装饰人体，又很实用。在那坡县黑衣壮村寨，妇女的围裙除了装饰外，还可作布袋用。上山劳动时，将围裙角底翻上来，打个三角形系在腰间便可以当布袋，将地里的玉米、野菜、辣椒等放进袋里，随身带回家；平时走亲戚、赶歌圩，也可以往里面放些小东西。服饰的不同功能为她们的生活带来了极大的便利。

大瑶山茶山瑶妇女的长围裙也很美观实用。妇女们平时穿围裙时多卷小扎在腰间，上山劳动时则将其放下，将两下摆的裙角卷上，形如布袋，将采摘的野果放入袋中，带回家给小孩享用。瑶族是个以刀耕火种和狩猎为主的山地民族，其男子常在高山密林中狩猎和砍山烧荒，为了适应这种经济生产与生活，除了要有生产技术外，还必须有善于翻山越岭的能力，所以，身体的轻捷便利实在是不可缺少的条件。于是，在服饰的制作上，男子过去多穿宽筒大裆便裤，以保证两腿有最大的活动半径，无论多么激烈的奔跑、跨跃或下蹲都不会产生妨碍；为了减少在丛林中行走的阻力，或防止荆棘草丛的划伤，小腿还缠上脚绑。这种服饰既适应瑶族男子刀耕火种和狩猎的山地经济生活，又是山区瑶族征服自然的创造，具

图 6-3　南丹白裤瑶男子

有极大的实用性。龙胜龙脊一带的壮族，夏天喜穿白上衣、黑裤子。据说他们的祖先刚到龙脊时，山高林密，草木茂盛，而他们才有几户人家。人口很少，穿黑衣、黑裤上山劳动，别人很难看见，找人很困难。于是他们改穿白衣、黑裤，走到哪里都很引人注目，相沿成俗，别人亦因其爱穿白衣，而称之为"白衣壮"。如果抛弃这些实用功能，片面强调美的作用，以平原地区的汉族服饰或是都市里的流行时装去取代山地民族的传统服饰，势必很快就被自然淘汰。

　　滇黔桂边界的隆林苗族多居住在高山上，为适应高寒

图6-4　隆林苗族织麻布

山区的生态环境，人们喜用麻布制作衣裙，既美观，又结实厚重，三九严寒穿它出门，可以遮风御寒；上山劳动粘泥带土，也易于洗涤。所以直到现在仍有不少人家种麻、纺纱、织布，用于缝制衣、裙。生活在山区的壮族姑娘，过去常在肩上垫块织绣得精致漂亮的垫肩挑东西，以保护衣服免遭磨破。但近年来，随着交通状况的改变，各村寨之间大多修筑了机耕路，有的地方还修建了简便公路，车运马驮逐步取代了昔日的人力肩挑，垫肩的实用功能逐渐减弱，所以，农村中使用垫肩的人也越来越少。随着人们审美观念的变化，人们为了追求服饰的美感，会适当放弃一些实用的要求，增加一些装饰性的东西，但从整个服饰的功能来看，装饰性并没有取代实用性，就连最讲装饰艺术的流行时装也仍然不能忽视服饰的实用功能。所以，从服饰的基本功能来看，实用无疑是第一位的，审美及其他功能则是在实用的基础上发展的，离开了实用性，服饰的生命力也就黯然失色。

第二节　衣冠悦目

古人云："衣服容貌者，所以悦目也。"这个"悦目"，就是好看，让人穿上后获得一种美的享受。

在广西民间，美人也是和服饰分不开的，正如苗族民歌《我俩去成家》所唱：

身穿彩色绣花衣，

头上闪闪戴金银，

胸前项圈亮晶晶，

图 6-5　南丹中堡苗族

图6-6　三江侗族男女青年

图6-7　隆林彝族

图6-8　隆林苗族盛装

两边耳环响叮叮，

脚上花鞋套袜子，

走起路来脚步轻。

远远看去像丛花，

好像天上的彩云。

　　广西少数民族妇女在制作服饰的过程中，不仅注意追求服饰的实用性，而且刻意追求服饰的审美性。从广西少数民族传统服饰的制作来看，一件做工精细别致、富有民族特色的上衣或裙子，有时要用一年到数年的时间方

图6-9　贺州瑶族盛装

图6-10　隆林仡佬族

能完成，如果只是为了实用，何必要花费那么多心思和时间。她们的生活中，服饰的实用功能和艺术审美价值就像一对双胞胎。实用可以遮体御寒，艺术上的美感则带来心灵上的满足，带来欢悦和希望。这些浸透着美好意识的服饰，不仅揭示了一种永恒美的情愫，而且具有一种跨越时空的艺术魅力和审美情趣，使人自觉或不自觉地产生创造美好生活的欲望。所以，她们在制作服饰时，虽不尚浮华，但也力求避免庸俗、粗劣。

壮族的补花垫肩和织锦挂包，瑶族的挑花肚兜、苗族的蜡染围裙、侗族的绣花布鞋，既朴实，又美丽；既有

图 6-11　金秀山子瑶秋收时的着装

图 6-12　壮族绣花布鞋

浓郁的乡土气息，又有纯朴的感情和生活情趣，反映出一种稚拙、生动的美感，几乎使人忘记这是一件实用品。就是在最简便的男子便服上，我们也能看到盘结得很美的扣绊和制作精细的纽扣。那种只讲"能穿"，不讲美感，或是以实用功能代替审美意识的思想，在广西民族服饰中是很少见到的。实用性和审美性的有机统一，一直是广西民族服饰制作的显著特点，特别是瑶、苗、侗等民族的妇女服饰，满襟绣花滚边，衣、裙、围腰等处的花卉、鸟、蝴蝶等纹样栩栩如生，呼之欲出，再配上银簪、耳环、颈圈、银牌、手镯、戒指等银饰和绣花鞋，一身花团锦簇，银光闪闪，窈窕胜过天仙。每逢喜庆佳节，成群

图 6-13　三江侗族盛装

结队的姑娘穿上自织、自制、自绣的艳丽服饰，戴上心爱的耳环、手镯、项圈等银饰，竞相比美，炫耀自己的聪明能干，表达对美好生活的追求和向往。这些富有民族特色的服饰深深地根植于民族文化的沃土之中，不带任何矫饰、浮华之风，风格绚丽而朴实清新，表现出一种浓郁的乡土气息和质朴、纯真的美，引起人们的赞叹。正是服饰的这种装饰功能，构成了广西各民族五彩斑斓的服饰文化，使广西民族的生活充满了美和魅力。

第三节　衣以炫富

　　服饰作为物质文化来说，它又是财富的象征。广西少数民族地区的社会经济发展比较缓慢，人们创造的物质财富还不太丰富，服饰往往成为个人财富的重要组成部分。人们制作和添置服饰，既能遮风御寒，又可增加物质积累，表示勤劳富有，服饰越多，制作越精美，就表示越勤劳、富有。所以，无论是在歌圩、节日还是在圩集上，少数民族青年都要穿戴一新。在大化、巴马、东兰等

图6-14　贺州瑶族女子盛装

地，壮族姑娘的冬季盛装，往往是里面一件最长，越往外越短，层次栉露，以示富有。贺县瑶族小伙子的盛装，上衣为数件衣服，一件一种颜色，衣领敞开翻出，相互衬托地显露出来，以炫耀服饰之多和家中富有。

服饰中首饰的财富属性更是不言而喻。首饰是人们物质生产与艺术创作实践相结合的产物，它既是服饰工艺装饰品，又是社会物质财富。苗族和瑶族都是以刀耕火种为主的山地游耕民族，由于历代封建统治阶级的压迫和剥削以及苗、瑶族自身生产、生活方式的影响，他们一直过着迁徙不定的游耕生活，"吃了一山又一山"，没有固定的住所。所以，白银成为他们最理想的财富储蓄方式，最方便携带的家产。为方便随身携带，人们便把白银打制成各种饰物，装饰在服饰上，既可示美炫富，又是最简单、安全的保存方法。广西少数民族民间习俗也认为，佩戴银饰不仅具有美的作用，而且是富有的标志，所以，他们都喜欢在身上佩戴许多银饰。一些瑶、苗族妇女喜欢在耳上戴十分沉重的耳环，每边耳上挂近百余克重的银饰，有的甚至将耳垂挂崩后，又用小绳系环挂于耳褶之上，似乎丝毫不感到肉体的痛苦。

侗族习俗视银饰为家中的重要财富和装饰品，家有未嫁姑娘，生活再困难，父母亲省吃俭用也要买几件银饰

图6-15 龙胜红瑶妇女耳坠

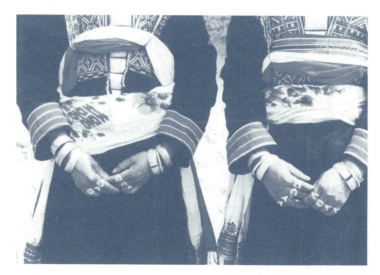

图6-16 田林盘瑶手指上的银饰

图 6-17 广西融水苗族女子盛装上的银饰

来打扮女儿。金秀瑶族自治县茶山瑶妇女喜佩戴银饰，以重和大为贵，头顶扎 3 块上翘的银板，每块重约 250 克，姑娘们喜戴这种银饰出现在人群中，以示勤劳、富有。田林县盘瑶妇女，不仅衣饰银排、银泡，手腕也戴数个银镯，双手指均戴满戒指，越富有的家庭戴得越多。

苗族是个崇尚银饰的民族，尤以妇女最为突出，佩戴的银饰最多。融水苗族自治县等地的苗族妇女常佩戴的银饰有手镯、项圈、戒指、银扇、银簪等十余种，每逢民族传统节日，姑娘们头上、手上、颈上、胸前、身后全都佩戴银饰，少则一二公斤，多达七八公斤，以佩戴银饰的多少来表示美和富有的程度。隆林各族自治县等地的彝族女孩从小就挂银项链，15 岁以后，父母就要为她戴手圈，当地习俗认为，一个妇女所挂的项链条数越多，就表明她家越富有。一些居住在山区的瑶族，甚至将一些市面上用于流通交换的硬币，钉于衣上钮扣，以炫耀家中殷富。

第四节　衣作信物

　　服饰中各式各样的香荷包、挂包、首饰、花布鞋、帽、头巾、手帕等所表现出来的艺术生命力，更是让人一见动情，不仅喜欢它，而且想要得到它。将服饰作为馈赠礼物赠送他人，至今仍是广西各民族日常生活中常见而庄重的一种礼仪。

　　广西各民族妇女在参加别人的婚礼和婴儿三朝、满月、对岁时，常以童帽、童衣、童裤、童袜、童鞋等作为礼物送人。大新一带的壮族妇女生育，当孩子满月时，娘家必须送衣服、抱被等给外孙。父母亲做寿，出嫁的女儿和侄女必须送寿衣、寿帽、寿鞋，以表示对父母和长辈的感恩及祝贺。龙胜一带，外家给满月的婴儿除送衣、裤外，还要送银帽、银饰。田林一带，外婆和亲友要给满月的婴儿送衣、裤、帽、鞋、背带、银手环、银脚环、银颈链、银麒麟链牌。在侗族地区，第一个孩子生下后第三天，外婆家要送项圈、银锁、手镯等；满周岁时，要送一顶银帽，以表示对外孙的宠爱。嫁出去的女儿回娘家给父母祝寿时，除了送鸡、鸭、肉、酒、糯饭等物外，寿衣、寿裤、寿袜、寿鞋、寿帽等则是必不可少的寿礼，否则被视为不孝。

　　将服饰用品作为爱情的信物，馈赠给自己的心上人，是广西少数民族服饰礼仪性最典型的表现，特别是在未婚的青年男女中，服饰不仅是一般的实用品，而且是一个姑娘或一个小伙子向自己的情人表示心意的信物。农村中的壮族姑娘个个是绣花纳鞋的能手，在三月三歌圩上，桂西一带的姑娘都是用赠送布鞋来表示爱情的。正如上林壮族民歌所唱：

妹送一双鞋，

鞋样巧又乖，

图 6-18　苗族银饰

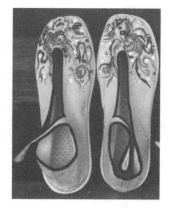

图6-19 壮族绣花布鞋

乖巧如同桂林师傅用心裁，

算你情妹好心怀，

心怀好过全世界，

鞋子穿坏了哥心更加爱。

布是圩上布，

绸布缝在面，

洋线把尾连，

底布千层垫，

中间绣花圈，

情意万万千。

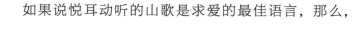

　　如果说悦耳动听的山歌是求爱的最佳语言，那么，美观结实的布鞋就是定情的漂亮礼物了。男女青年经过若干次山歌对唱，圩日约会后，男方便可选择适当时机，要求女方做一对布鞋作为定情信物。这种要求，女方一般都接受，大胆的姑娘还会主动送礼。女方做好鞋后，用鲜艳的新手帕将鞋包好，送给男方，男方亦回赠一些毛巾、花线之类的礼物。不过，姑娘所赠送的布鞋是否为定情信物，还要看布鞋上的结线或扣子才知道。如果一双新布鞋每只鞋子留下的线头都用死结连在一起，就意味着"生死相连，永不分离"。暗示同意对方的要求，小伙子得到鞋后，便可禀告父母派媒人到女家说亲。如果线头打活结，一拉就松，就表示自己已经有

图6-20　贺州瑶族绣花鞋

了心上人，或男友某些方面不中意，暗示不能接受对方的爱情。这种暗示也可表示在鞋扣上。桂西壮族妇女做的布鞋，每只都有一个扣子，如果新鞋不钉扣子或鞋里垫布的后跟头不缝完，有意留给男方去接线，意为"你愿连就连"，表示接受对方的要求；如钉齐扣子，鞋跟缝完，意为"路已尽头，到此为止"，表示不能接受对方的要求。

广西靖西一带的壮族，男青年得到的鞋子如果鞋底纳得一针不漏，表示女方已有对象，彼此只能做朋友，不能为终身伴侣；如果鞋底纳得端正，鞋后跟处留有一方寸空白没纳上线，说明姑娘亦对男青年在意，小伙子便可再约姑娘，并将布鞋带去让她补纳；如连结那双布鞋后跟的粗麻线被剪断，就意味着姑娘不接受小伙子的爱情；如连结两只鞋后跟的麻线打成死结，则表示姑娘希望双方白头偕老，永不分离。小伙子看到鞋的式样后，便知道姑娘的心意，或停止交往，或禀告家人请人到女家说亲，共结秦晋之好。这些约定俗成的风俗不仅向人们展示了广西各民族的审美心理，而且让人们看到了比现代都市更为文明的古老风韵。

居住在忻城、马山、都安一带的壮族，男女青年定婚之日，女方打扮得如花似玉，由女伴陪送到男方家拜见

图 6-21　壮族绣花布鞋

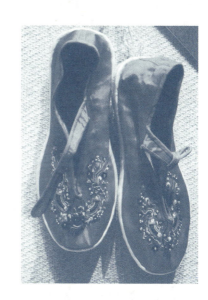

图 6-22　仫佬族绣花布鞋

未来的公婆、叔伯、兄嫂等人，姑娘向每人送一双自己亲手做的布鞋，然后，当着全家人的面，将一双精心制作、鞋底纳有颗心的布鞋赠给未婚夫，以示捧出炽热的心，永生不变。吃完"定亲饭"，小伙子送姑娘回家，拜见未来的岳父母和全家人，并当面把手镯戴在未婚妻手上，表示定亲。近年来，随着农村经济发展，人们生活水平不断提高，大多数人用皮鞋、运动鞋代替布鞋，用手表、手机来代替手镯，表示自己的心意。

仫佬族男女青年在走坡活动中相互了解，建立感情，双方定情后，女方要赠男方"同年鞋"。用黑布做鞋面，将十几层白布贴起来，用长白棉线纳成鞋底，放于蒸笼里蒸十多分钟，再晾干。鞋底必须纳得横竖成行，棉线长表示日后夫妻恩情长，针口细密则表示生活美好甜蜜。

侗族地区男女青年的社交方式多种多样，通过共同耕种山地来谈情说爱就是其中一种。在三江独峒一带，每逢农历三月初三，男女青年在"行歌坐夜"的时候便讨论两个寨子青年共同种公地的事，参加人数多少不等，但如一个村寨是男青年参加，另一个寨子则全是女青年参加，且人数要相等。四月初八，是挖山播种的日子，男女青年盛装打扮，汇集山上，边谈边唱，共同开荒。晚上男青年到女青年寨子行歌坐夜，加深认识。五月五、六月

六、七月十四，大家又汇集山上中耕施肥，休息时闲谈对歌，晚上行歌坐夜，直至午夜方散。八月十四日，男青年身穿盛装，吹芦笙，抬肥猪，赶牛到女方寨子庆丰收。姑娘们在村中鼓楼坪设宴招待男青年。次日，大家上山收获，晚上共享丰收成果，对歌到深夜。八月十六日，女方寨子举行宴会酬谢男青年，姑娘们则拿出日夜赶制出来的布鞋、绣花带和家织侗布，用竹竿高高吊起，供人们观赏，然后送给心上人。小伙子们吹响芦笙，高举姑娘赠送的信物、礼品，得意洋洋地离村而去。部分地区的侗族姑娘行歌坐夜后要赶制一双草鞋给自己心仪的小伙子。但

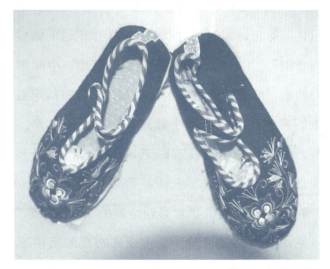

图 6-23　侗族绣花鞋

它不同于平时编织的草鞋，它关系心上人的面子和自己的声誉。小伙子拿草鞋回村后，老人们就会品头论足，凭物论人；同村的青年人见到草鞋也会说长论短。所以，姑娘绝不敢掉以轻心，总是极尽巧思，充分发挥自己的才智与技巧，力求把草鞋织成精巧的工艺品。她们下田精选出优质的糯米稻秆，再在草鞋头或跟部添上红绸或红布条，与金黄色的稻秆一起编织，有的还在鞋栊上捆上一层薄薄的花布，像一丛五颜六色的山花盛开在金色的田野上。

广西大瑶山六段一带的茶山青男女青年也以草鞋作定情信物。姑娘们编织草鞋时，不仅特别讲究用料，精心编织，而且连编织的日子也选在牛郎织女相会的七夕之日，以寄托姑娘的深情厚谊。选用加工过的嫩竹篾编作鞋"纲"，用优质青麻编织鞋头、鞋跟，中间部分用精心选制、漂洗过的雪白色稻秆编织，鞋身则用五色丝线或五彩花布包卷。整个鞋底、鞋身细密平整，头尾葱绿，中间雪白，鞋耳五彩斑斓，在鞋面上配上一个玫瑰红的绒球，就成了一件不可多得的花草鞋，俗称"六纲草鞋"。小伙子要想得到姑娘的"六纲草鞋"，要经过姑娘长时间的考验，要夜夜到姑娘的吊楼下唱情歌，爬吊楼与姑娘约会。姑娘中意后，选个明月当空的

图6-24　金秀盘瑶送亲

图6-25　瑶族绣花鞋

夜晚，在吊楼上互倾衷肠，然后才把六纲草鞋赠送心上人。

瑶族的"定亲鞋"，含义更深。瑶族男女青年定亲时，姑娘必须亲手做若干双布鞋赠送男家家庭成员。送给祖父母的鞋，鞋底纳一颗北斗星，意为祝老人寿如北斗；送给父母亲的鞋，鞋底纳一株苍劲的青松，意为祝父母亲像青松一样健壮；送给兄姐的鞋，鞋底纳一个剥皮玉米包，意为祝他们勤劳致富、五谷丰登；送给弟弟的鞋，鞋底纳一根竹笋，意为祝他们像竹笋一样快快长大，早

图6-26 仫佬族刺绣

日成材；送给妹妹的鞋，要在鞋面上绣一朵红花，表示
赞美妹妹像花一样美丽；送给自己未婚夫的鞋，则在鞋
底正中用红线绣一颗心，以表示自己将心掏给对方，至
死不渝。

民间有句山歌，是姑娘或妻子对情人或丈夫唱的，叫
"鞋底破了鞋帮在，把妹手工带回来"。这句山歌绝不是
为了规劝出远门的丈夫或情人爱惜鞋这一物质用品，而
是托物寄情，希望丈夫或情人能爱护、珍惜这一爱情信
物，不要忘了妻子或情人的一片深情。正如毛南族民歌
所唱：

月亮晶晶，

做鞋到夜深，

金针银线密密连，

白布底千层，

外帮黑缎面，

铜扣双双钉，

颗颗晶晶亮，

我夫穿了不变心。

这种以物寓意、赠物寄情的习俗，外族人是很难明白

的，其中更深的含义，不是当事人，也许根本无从得知。

　　大瑶山内的花蓝瑶姑娘送给小伙子的定情物又有不同，它是姑娘精心绣成的花背袋，俗称"囊斑"。囊斑为一个长约50厘米、宽约30厘米的布袋，底布为黑色，面上用红、黄、蓝、白四色丝线挑绣幸福依偎的鸳鸯、洁白无暇的茶花、迎着祥云飞翔的双燕等各种象征爱情的吉祥图案，四周绣满松叶花边，表示爱情之树长青。姑娘寻到意中人后，就把自己精心绣制的囊斑送给小伙子，小伙子也赠送姑娘一对银手镯，双方以此为凭，表示爱

图6-27　仫佬族绣花袋

图 6-28　瑶族绣花袋

情忠贞不渝。从此，姑娘常将手镯戴在手上；小伙子无论是上山劳动，还是走村串寨、赶圩，也总是背着心上人送的花背袋。

　　广西少数民族虽然地处偏僻之乡，平日生活难免单调枯燥，男女青年互赠信物的过程却表现出激动人心的浪漫情调。

　　"走坡"是么佬族男女青年进行社交活动的传统形式。男女青年在走坡中对唱山歌，互相认识后，小伙子就会开口问姑娘要定情信物，姑娘们一般会推诿，故意为难地唱：

真不该，

出门一样不带来，

镜子手帕忘记带，

只有脚底烂草鞋，

小伙子则穷追不会，快口对答：

哥不论，

不论脚底烂草鞋；

妹若有心送给我，

日里穿鞋去砍柴。

　　姑娘此时毫无办法，只好羞答答地把早已准备好的信物递给小伙子，一段姻缘亦就此连上。

　　巴马瑶族男女青年相识恋爱后，姑娘就邀请小伙子到家做客，借以观察小伙子各方面表现。小伙子一般会带一位会唱歌的好友做伴，同时还要带烟叶、糖、饼等礼物，到女方家住二三天。白天，男女双方到姑娘家的地里劳动，晚上就唱萨旺歌。小伙子离开时，姑娘邀一姐妹送小伙子及其同伴到山坳，将绣花背袋中的头巾、衣服、绣花鞋、鸡蛋、糯米粑取出递给小伙子，轻声唱道：

我家缺少辛勤的蜜蜂，

一年到头酿不出甜香的蜜糖。

我家缺少适棉的土壤，

更加缺乏手巧的姑娘。

自制的衣服不好看，

自缝的布鞋不好穿，

绣出的头巾不漂亮。

图6-29 仫佬族女子

小伙子双手接过，放声谢道：

你家的蜜糖比别人的香甜，

你家种的棉花朵朵像白云，

你绣的花包比别人的漂亮，

穿上你缝制的花衣服，

暖了周身更暖透我的心房，

穿上你的绣花鞋，

千人见了千人赞扬。

小伙子转身走过山坳，急忙打开包翻看头巾，如果姑娘送的是一条两头绣有图案纹样，但没有镶饰丝绸带的头巾或两头都不绣花和镶丝绸带的头巾，则说明小伙子考核不过关，大家只能维持朋友关系；如果姑娘送的是两头绣有各种图案纹样，并镶饰彩色丝绸带的头巾，就意味着小伙子已得到姑娘及其家人的认可，可以回家禀告父母，请人上门提亲。

柳江县壮族男女青年经过反复对歌考验后，小伙子便开口向姑娘索要信物。互赠定情信物一般是男子先问，女方往往借故推托，等到男子求得心焦急了，女方才假装无奈答应。在圩场上，在村寨旁，人们常看到一对对男女

图6-30　巴马瑶族送亲

图6-31　巴马瑶族唢呐迎亲

青年在对唱情歌，一般是小伙子试探性地先唱：

> 我们对歌这样久，
>
> 好比鸳鸯同塘游，
>
> 妹有信物妹就送，
>
> 抛个情意留给哥。

而姑娘往往故意推托，调皮地回应：

> 不管阿哥要什么，
>
> 妹我都难办得着，
>
> 出门一双空空手，
>
> 叫我怎样送给哥。

小伙子开弓没有回头箭，厚着脸皮又问：

> 妹若有鞋妹就送，
>
> 妹若有布妹就分，
>
> 哥我不白收妹礼，
>
> 卖牛也要还妹恩。

图 6-32　壮族女子刺绣

姑娘则狡辩道：

> 讲鞋脚上只一双，
>
> 讲衣妹只穿一件，
>
> 赶圩回家脱来洗，
>
> 出门上路妹又穿。

小伙子急不可待，开门见山问道：

> 妹你脱下脚上鞋，

哥我脱下身上衣，

哥脚穿进妹鞋里，

哥衣送妹肩上披。

姑娘亦毫不客气地答道：

哥今开口问要鞋，

问你可曾带钱来？

哥今伸手问要衣，

不换手镯不给你。

小伙子则痛快地唱道：

出门哥带手镯跟，

妹若想要把手伸，

几多银钱哥都愿，

得妹衣鞋装哥身。

情歌唱到这份上，再调皮的姑娘也只好半推半就地将绣花鞋或头巾送与小伙子，小伙子则将手镯等物赠予姑娘。

　　居住在桂西北清水江、南盘江和红水河沿岸的壮族，每逢赶圩或走亲访友，常把褡裢搭在肩上才出门。褡裢用长方形的布缝制，中央开口，两端各成一个袋子。有的在袋心蜡染蝴蝶、鸳鸯图案纹样；有的在袋边沿刺绣各式各样的精美花边；有的在四角悬缀金银线、垂吊香囊……褡裢既能装衣物和礼品，行走方便，又是不可多得的工艺珍品。所以，当地青年不仅常以褡裢装饰工艺的精巧来衡量姑娘手艺的高低，还常以褡裢来做爱情的信物。男女青年对歌，常常以褡裢起兴，如：

图 6-33　壮族绣花围腰

要妹唱歌妹就唱，

褡裢搭在肩头上，

沿着红河慢慢走，

哥爱褡裢就跟来。

男女相爱情深时，小伙子常送彩色丝线给姑娘，暗示姑娘帮做褡裢，以考察其手艺；姑娘往往心领神会，精心缝制，借以显示自己的手艺，博取恋人的欢心。

居住在融水苗族自治县大浪乡一带的壮族青年，男

图 6-34　壮锦袋

女双方恋爱成熟时，女青年便把身上穿的衣服脱下，庄重地赠送男青年。女青年赠送的衣服很有讲究，没穿过的不送，打补巴的不送，专选一件自己穿过几回、半新不旧的衣服送给男青年。当地习俗认为，穿过的衣服，带有穿衣人的芳香和气息，用这种带有穿衣人的芳香和气息的衣服送给自己的意中人，表明姑娘对情郎的一片真诚。

那坡彝族男女青年赶三月街熟悉、相好后，双方便互赠信物，小伙子一般送银手镯或银戒指，姑娘则要亲手织一对格花巾和一双锦带，每样都送一条给小伙子，自己留下一条，与小伙子送的信物一起保存。正如彝族民歌所唱：

穿梭织对格花巾，

扯线绣双长锦带；

花巾锦带哥妹拿，

两厢情愿一条心。

毛南族青年则以抢花竹帽或手帕来作为爱情的定情信物。在赶圩、民间集会或筵席上，如某位小伙子看中了一位姑娘，他便会千方百计地寻找机会去抢对方的花竹帽

图6-35　彝族绣花鞋

或手帕。姑娘如看不中男方，便立即将自己的东西抢回，否则就意味着同意这门亲事；如姑娘亦中意小伙子的人材，在小伙子抢走花竹帽或手帕后，便向对方索取一件贴身礼物，作为信物。一般来说，都是姑娘送花竹帽给小伙子作信物，但也有小伙子以花竹帽作信物送给姑娘的，正如毛南族民歌所唱：

> 妈送的床单、棉被哟，
> 我紧紧地锁在箱底；
> 哥送的花竹帽儿哟，

我晴雨戴着不分离；

别人送我千斤金银哟

我一万个瞧不起；

看到帽儿就望到哥哥哟，

花竹帽儿伴我进入甜梦里！

　　头簪、手镯、戒指等，常佩戴于身，是被用作信物最多的物品。东兰一带的壮族有春节击铜鼓祈年的习俗，每年春节，未出嫁的姑娘常用银簪连同自己的发

图 6-36　毛南族花竹帽

辫一块敲击铜鼓，然后将银簪馈赠在场的情人。习俗认为，这是男女之间最珍贵的礼物。日后成婚，丈夫即将此簪奉还妻子，插于其头上，以祈求生活美满幸福，夫妻百年偕老。在桂西和桂西北等地的壮族聚居区的歌圩和婚宴上，青年们常通过对唱山歌来寻觅对象，情投意和者，小伙子就可以去抢姑娘手上的戒指或手镯作为信物，姑娘如同意，往往半推半就，任其抢去，如无意，则必须抢回自己的饰物。白裤瑶青年男女恋爱时，女方常常占主动地位，当一位姑娘在圩集上看到自己中意的男

图 6-37　侗族银饰

子时，除了主动向对方示意和唱歌求爱外，还可邀请同伴的姐妹帮忙，一起去抢男子的腰带或手镯。男子如亦有情，则任其抢去，否则一定要将自己的东西抢回。青年男女恋爱中意后，就互赠信物；男赠女银手镯，女送男烟袋，或是一条自己亲手制作的裤子或衣服。桂北侗族地区的青年时兴男女青年"行歌坐夜"，通过"行歌坐夜"相互了解后，若双方情投意合，男送女手镯、戒指、绸缎等物，女送男绣花鞋、袜、腰带、头帕和衣裳。双方订百年之好时，互相交换信物，男方仍以馈赠银饰为凭，女方则以姑娘自织、自绣的围腰、衣、裤等物回赠。结婚时，男方家要送女方家银饰、布匹等礼仪品。婚后，在残存"不落夫家"习俗的地区，新娘返回娘家居住时，逢年过节，男家还要馈赠银饰、布匹等礼品。

京族喜穿木屐。京族青年男女恋爱后，男方家请媒人去女方家求亲时，要带男方家的一只木屐去。到女方家时，女方家人从女儿床下随意拿一只木屐，用布包好，到祖公堂前鞠躬。随后，双方各自拿出木屐，如能成双，即可成亲；如都是左脚或右脚，则说明祖先不同意，不能成亲。所以，精灵的姑娘都事先告诉自己的心上人，该带哪只脚的木屐来求亲，以免误了终身。小伙子托媒人

去送木屐时，还托媒人将自己编的一首山歌传给心爱的
姑娘：

<blockquote>
托媒送去屐一只，

渴望纳福成侣伴，

如果姻缘能匹配，

我与父母齐心欢。
</blockquote>

姑娘收到木屐后，亦托媒人传歌一首：

图6-38 京族男女青年

谢你送来屉一只，

花招蝴蝶好相伴，

屉已巧合成对偶，

意合情投结凤鸾。

　　人们以歌代言，寄情于物，一段美好的烟缘就在歌声和信物的传递中缔结。

第五节　衣可避邪

　　在宗教活动中，戴上或挂上各种认为是有"魔"性的护身符，以讨好或避开魔邪的危害，是崇拜仪式中的一种做法。壮族有雷神崇拜和青蛙崇拜。在古代壮族人的眼中，雷神是主宰人间雨水之神，而青蛙是雷神的儿子，是雷神派往人间的"使者"，所以，他们便将雷神和青蛙作为祭祀之神，经常对其顶礼膜拜，举行隆重的宗教祭祀活动。广西红水河一带的壮族，每年都有过"青蛙节"的习俗，时间均在农历正月，短的三五日，长的达一个月。在青蛙节举行的祭祀青蛙的仪式中，人们戴上各种形象粗犷的青蛙面具，在铜鼓、皮鼓、锁呐的伴奏下，摹仿青蛙的形象动作，进行舞蹈。据说这样做可以获得青蛙及雷神的保佑，使农业生产风调雨顺。这些在宗教崇拜仪式活动中所使用的护身符，有的因具有装饰性而逐渐成为服饰中的组成部分之一。

　　广西武宣一带的壮族，常给一些患疳疾的小孩在胸前戴一猴掌。据说，小孩患疳疾，是被猴妖捉弄的结果，猴若看见挂在小孩胸前的猴掌，就会被吓得魂飞魄散，从此再也不敢来缠小孩，小孩的疳疾即可痊愈。瑶族的婴儿

图 6-39　金秀戴面具的坳瑶师公

图 6-40　手拿铜铃的瑶族师公

和小孩有佩带野猪、老虎、豹、黄麂等兽类的爪、牙的习俗。

在远古期间，人们佩戴护身符以驱邪的事是很普遍的社会现象。随着科学文化的进步，人类逐渐从神灵的束缚下解放出来，繁杂的神灵崇拜及其仪式逐渐减少，但神灵崇拜的观念并未彻底消除，有的"护身符"因此而得以残留下来。这些"护身符"既残存着最初的巫术性，又具有装饰人体的功能，因而常被用于服饰之中。以铜铃为例，它最初在人体装饰中的实用功能是巫术活动中的法具。广西民间巫师在祭祀活动中，常在胸前、手、脚等处系挂铜铃，当巫师祭神驱邪时，念咒喃么，手舞足蹈，身上佩带的铜铃也就随之有节奏地鸣响，从而增强宗教的神秘气氛。在人们的眼中，巫师能通神语、知人意，是人与神之间的中间人，所以，巫师所使用的法具也就是一种灵物，具有驱邪禳灾之作用。人们认为，将这种驱邪禳灾之物佩戴于身，是可以避邪护身的。直到现在，田林等地的瑶族妇女外出时，还将铜铃佩戴于身，既装饰了人体，又能驱邪。从巫术的产生和发展来看，最初的巫师可能来源于妇女。《说文》说："觋，能斋肃事神明也，在男曰觋，在女曰巫。"广西瑶族民间传说，瑶族中最早的巫师是女人，后来，女子因为生孩子坐月污秽，请不来神，才由男人来当。但神灵不认识男人，所以，男人当巫师必须穿花衣服，才能请到神。看来，今日妇女佩戴铜铃的习俗，应是古代女巫佩戴铜铃祭神的残余。

在原始初民的观念中，人使用过的物品，包括他穿过的衣裳、饰物，用过的武器、劳动工具等通过某种力量都成为他身体的一个组成部分，宗教学上将这种现象称为"互渗律"。原始初民的这种互渗律至今仍对广西各民族有一定的影响。广西民间习俗认为，人的衣服由于长期穿在身上，沾了人的"灵性"，是人身体的组成部分之一。所以，民间有人不在场，拿其衣服亦可为其算命的做

图6-41　身穿红花衣服的瑶族师公

法。小孩落水、受惊、生病等，民间常认为是灵魂失落于村外了，要由妈妈拿孩子的衣服到村外或三岔路口招魂。广西天等一带，八九岁的小孩在野外跌伤或碰到怪物受惊生病，请巫婆卜卦，认为是失魂所致时，就要举行招魂仪式。天黑后，由小孩的母亲拿肉、鸡蛋、粽子、香、纸钱及小孩的一件衣服放在竹篮里，悄悄到村边祭神。烧香、摆供品祭神后，便烧纸钱，然后将小孩的衣服在燃烧的纸钱和香的上空撩一撩，以示魂归衣服。回家后，将拿去招魂的衣服给小孩盖上，他们认为这样做后便可魂归人体，治好小孩的病。在南丹一带的壮、汉族，则由

图 6-42　水族祭神

图6-43 贺州师公祭神

母亲在全家人动筷吃晚饭前，用碗装一点饭、菜，放于篮中盖好，待夜深人静时，取小孩的一件衣服，拿些香、纸钱，到三岔路口祭神赎魂，烧香，将碗中的饭、菜倒于地上，烧纸钱供祭神灵，再将小孩的衣服在烟火上过一过后放于篮内，然后掉头回家，路上不能东张西望，更不能回头。一路走，一路喃念："我儿回家哟，由远来近，由近回家。"进家门后，急忙将大门反手关上，再用烟火熏过的衣服抹一抹小孩的脸庞，放于小孩的枕头下，第二天早上给小孩穿上，失落的灵魂便可回归人体了。

田林县壮族将村寨中的大榕树视为生命神树和村寨保护神。过去，当人生病时，拿上病人的一件衣服和一斗米、一柱香、一对宝线、一杯酒去祭树神，将供物与衣服放于树下的神台上，向树神认错，请树神饶恕平日的怠慢，恳请归还灵魂。回家后将带去祭神的衣服给病人穿上，便可恢复健康。人们认为，带去祭神的衣服是病人的躯体，祭神后，归还的灵魂便依附于其中，所以，病人穿上后，魂归于身，病也就自然好了。

西林县一带的壮族，家中有人病了，由家人拿其一件衣裳和几根香、一碗米及纸钱找巫婆，巫婆烧香，焚纸钱请神，将病人的衣服铺在一个大簸箕里，喷几口"佛水"，抓一把米撒在病人的衣服上，然后根据米的分布形状，测是什么鬼作祟，请神驱鬼。习俗认为，人穿过的衣赏，既带有人的"灵气"，也可让鬼依附，请神将依附于衣上的鬼驱除后，病人的身体就好了。

毛南族至今仍特别珍视自己的内衣，把它称为"本身"，即"灵魂"之意，因此，自己穿的衣服绝不能乱丢，以免丢失灵魂，被别人拿去，带来灾难。

银器具有光泽，不仅是高贵、富丽的象征，而且往往被人们作为避邪的吉祥物，所以，佩戴银饰，既可装饰人体，又能祛灾祈福。

过去，壮族村寨大多设置有社坛，供人们祭祀社神。每年除夕，全村人备酒肉聚集社坛前祭社神。家有新生婴儿，由父母抱到社坛前拜社神，并携带百来只染了品红的熟鸡蛋分发众人。主祭人则赠以婴儿银首饰，祝愿其戴上后祛病延年。年满 3 岁的女孩，必须带到社前穿耳戴环。人们相信这样做后，孩子日后便可祛病消灾，长得壮实聪颖。武宣、象州等地的壮族认为，婴儿出世三朝、七朝、十二朝时，其灵魂易被阴间的牛头、马面等拉走，要给婴孩戴上银制的脚锁，才能平安。待小孩长到 12 岁后，方可取下。崇左一带的壮族妇女生第一个小孩后，必须回夫家居住，在准备离开娘家时，除请巫婆"补花"，立"花王圣母神位"外，还要给小孩戴上镶银的"长生保

图 6-44　南丹白裤瑶男孩头上的银饰神像

图6-45 龙胜红瑶婴儿帽上银饰神像

命"和"寿星公"的帽子，脖子上挂银颈链，胸前挂银麒麟，额头上抹锅底黑灰，母亲则在自身衣襟或衣袖处别上两枚绣花针，方可上路。习俗认为，这样可以驱鬼避邪。在壮族聚居区，妇女们还常将银针插于发髻上，用以驱邪禳灾。仫佬族、毛南族也常给孩子佩戴长命锁、麒麟等银饰，以求平安长命。

民间习俗还认为，巫师能通神，可以和神鬼说话，能呈民意，传神旨，能预知凶吉祸福，为人除灾祛病，所以，巫师是沟通人与神鬼的媒介、桥梁，具有半神半人的特点。巫师的这种特殊地位，使人们很自然地认为他是幸福、安全的祈求者和保护者。因此，民间常有人要求巫师在自己的衣、帽上画符图，然后依样挑绣纹样，以扶正驱邪；女子出嫁，请巫师念经，并插一道符于头上，以避鬼邪；小孩生病，请巫师看病卜算，然后戴上黄麂脚、狗牙、铁脚轭等物作护身符；大新县板价一带，女子生头胎，孩子满月时，要请巫师来办一天一夜的道场，代神给婴儿命名，并在其衣上写"长生保命，八卦护身"的符咒，让孩子穿到七八岁时才脱去；龙胜一带，孩子生下 20 天后，就算命安名，如命带"关杀"，就得给孩子戴上脚环，直到磨断为止；上林一带的壮族，孩子满月时，要请巫师念咒驱邪，为孩子挂银颈链，佩戴绣有

图 6-46　瑶族祭盘王

"长生保命"四字的布袋或帽子。

毛南族妇女背孩子出远门，走远路时，都要在孩子的背带上别银禾剪或银针等银饰。据说古时候毛南山乡曾是古树参天、葛藤盖地的地方，虎、狼、野猪常出没，伤害人命。一天，一位毛南族妇女做完家务后，便带上常备用的针筒，提上装禾剪的竹篮，背上孩子上山采野菜、藤叶等回家喂牛。天都黑了，人们一直未见其回家。村民们便点燃火把找到山上，看到抛落在地上的竹篮和地上的血迹，后来又在不远的地方发现一只死虎。人们将虎开膛破肚，看到了未消化的人肉、骨头，在虎的肠胃中还找到了禾剪和鞋针，这时大家才明白，老虎吃掉这母子二人后，把禾剪和鞋针也吞了下去，被锋利的刀刃和锐利的鞋针戳穿肠胃，痛疼难忍，到处打滚至死。此后，妇女们背孩子出远门都要在背带上别一把银禾剪和银针，据说老虎见后就望而生畏，不敢伤人。

图书在版编目（CIP）数据

服饰／广西壮族自治区地方志编纂委员会办公室编
. -- 北京：社会科学文献出版社，2018.1
（广西风物图志. 第一辑）
ISBN 978 - 7 - 5201 - 1734 - 0

Ⅰ.①服…　Ⅱ.①广…　Ⅲ. 服饰 - 广西 - 图集
Ⅳ.①K875.22

中国版本图书馆 CIP 数据核字（2017）第 273974 号

·广西风物图志·
广西风物图志（第一辑）·服饰

著作权人／广西壮族自治区地方志编纂委员会办公室
编　　者／广西壮族自治区地方志编纂委员会办公室
著　　者／玉时阶

出 版 人／谢寿光
项目统筹／陈　颖
责任编辑／陈　颖

出　　版／社会科学文献出版社·皮书出版分社（010）59367127
　　　　　　地址：北京市北三环中路甲 29 号院华龙大厦　邮编：100029
　　　　　　网址：www. ssap. com. cn
发　　行／市场营销中心（010）59367081　59367018
印　　装／三河市东方印刷有限公司

规　　格／开　本：880mm × 1230mm　1/32
　　　　　　印　张：9.625　字　数：165 千字
版　　次／2018 年 1 月第 1 版　2018 年 1 月第 1 次印刷
书　　号／ISBN 978 - 7 - 5201 - 1734 - 0
定　　价／69.00 元